WORDPRESS
GRUNDLÄGGANDE

Allt du behöver veta för att skapa en WordPress-webbplats

2026, Roy Sahupala

Viktig anmärkning

Metoderna och programmen i denna handbok anges utan hänsyn till några patent. De är endast avsedda för amatör- och studieändamål. Alla tekniska data och program i denna bok har sammanställts av författaren med största omsorg och återgivits efter noggrann kontroll. Trots detta kan fel inte helt uteslutas. Förlaget måste därför påpeka att det inte kan ta på sig någon garanti, något juridiskt ansvar eller någon form av ansvar för konsekvenser som uppstår på grund av felaktig information. Rapportering av eventuella fel uppskattas alltid av författaren.

Observera att de program- och maskinvarunamn som nämns i denna bok samt varumärkena för de berörda företagen oftast är skyddade av tillverkarens märken, varumärken eller av patentlagstiftningen.

Författaren:	R.E. Sahupala
ISBN/EAN:	978-3-7693-0486-2
Utgåva:	01-2026
NUR-kod:	994
Utgivare:	WJAC
Webbplats:	www.wp-books.com/basics

© 2026 Roy Sahupala

Verlag: BoD · Books on Demand GmbH, Überseering 33, 22297 Hamburg, bod@bod.de

Druck: Libri Plureos GmbH, Friedensallee 273, 22763 Hamburg

Med ett särskilt tack till:
Min kära hustru Iris van Hattum och vår son Ebbo Sahupala.

INDEX

INLEDNING

Är du intresserad av att skapa en professionell webbplats på egen hand, även utan tekniska kunskaper, och med ett innehåll som behöver uppdateras regelbundet? Då kan ett Content Management System (CMS) vara det bästa alternativet för dig. Det finns flera olika CMS-alternativ, varav WordPress är ett av de mest populära.

Beslutet att välja WordPress beror på flera olika faktorer. För mig som webbdesigner är det framför allt det användarvänliga gränssnittet och det enkla underhållet som lockar. Installationen av WordPress är snabb och enkel, vilket gör det till ett problemfritt alternativ för både designers och kunder att komma igång snabbt.

När du skapar en WordPress-webbplats har du tillgång till många gratis teman att välja mellan. I den här boken går jag igenom hur du installerar, konfigurerar och hanterar WordPress. Dessutom visar jag hur du kan förbättra systemet genom att integrera viktiga komponenter som formulär, gallerier, mediafunktioner, säkerhetskopior, säkerhetsåtgärder och plugins för sökmotoroptimering.

För ett effektivt arbete med WordPress kan det vara en fördel att ha en webbserver på datorn. Jag kommer att ge dig enkla instruktioner om hur du förvandlar din dator till en webbserver. Dessutom förklarar jag hur det går till att överföra en WordPress-webbplats till en internetserver.

Den här boken är en bra grund för att på egen hand fördjupa sig i WordPress. Om du är sugen på att utforska mer kan du besöka wordpress.org för ytterligare resurser och insikter.

Varje övning som presenteras i den här boken är praktisk och fokuserar enbart på de viktigaste stegen samtidigt som onödiga beskrivningar utelämnas, vilket säkerställer omedelbar tillämpbarhet.

För mer information, besök **wp-books.com/basics**.
Instruktioner ges för både MacOS- och Windows-användare.

Vem är den här boken till för?

▸ Personer som är intresserade av att självständigt sätta upp en WordPress-webbplats.

▸ De som vill vara oberoende av utvecklare.

▸ Personer som inte har någon programmeringsbakgrund.

▸ Studenter inom multimedia.

▸ Webbredaktörer.

▸ Alla som vill skapa en egen webblogg eller webbplats.

Tips: Ta god tid på dig! Läs noga igenom varje kapitel innan du sätter dig vid datorn.

Vad behöver du?

För att utveckla en WordPress-webbplats behöver du följande:

- En webbserver eller ett webbhotell
- Den senaste versionen av WordPress
- En webbläsare

Du kan utveckla en WordPress-webbplats på din dator med hjälp av en **lokal webbserver**. I den här boken beskrivs steg för steg hur du installerar och använder en webbserver på din dator. När du har utvecklat din WordPress-webbplats behöver du ett **webbhotell** för att publicera den på internet.

För att förse WordPress med det innehåll som behövs använder du en **webbläsare** för att ansluta till CMS-plattformen.

Det är bra att installera mer än en webbläsare, eftersom vissa WordPress-funktioner kanske inte fungerar optimalt i den webbläsare du föredrar. I sådana fall kan du snabbt byta till en annan webbläsare.

Alla övningar i den här boken har testats med Firefox, Safari, Google Chrome och Microsoft Edge. Se till att alltid använda den senaste versionen av din webbläsare.

Syftet med denna bok

Den här boken vänder sig till dig som snabbt och praktiskt vill komma igång med WordPress, även utan teknisk kompetens.

Boken behandlar både lokala och fjärrstyrda installationer av WordPress. En lokal installation har fördelen att man kan experimentera innan resultaten publiceras på nätet.

Boken fokuserar enbart på de viktigaste förklaringarna, så att läsaren kan skaffa sig tillräcklig erfarenhet av WordPress. När läsaren väl är bekant med plattformen kan han eller hon utforska den vidare på egen hand.

För den som är intresserad av att fördjupa sig i WordPress finns det avan-cerade böcker, t.ex. **WordPress - Avancerad**, **WordPress - Gutenberg**, **WordPress - Klassisk tema** och **WordPress - Blockteman** (nytt tema-format). För dig som vill skapa en webbutik finns dessutom boken **WordPress - WooCommerce**.

För mer information, besök: **wp-books.com**.

SERVER PÅ DIN DATOR

WordPress är en CMS-plattform som kan installeras direkt på internet. För detta krävs en internetserver med stöd för PHP och MYSQL, en tjänst som de flesta webbhotell erbjuder. Vi rekommenderar dock att du först utvecklar en webbplats på din egen dator innan du lägger upp den på nätet.

Att skapa en WordPress-webbplats på din dator har flera fördelar:

▸ Oberoende av domännamn och webbhotell.

▸ Snabbare produktionsprocess.

▸ Backup tillgänglig när webbplatsen är online.

▸ Möjlighet att experimentera med en lokal plattform innan ändringar genomförs på en fjärrplattform (internet).

För att installera WordPress på din dator krävs att du använder ett skriptspråk (PHP) och en databas (MySQL).

PHP, som är en förkortning för Hypertext Preprocessor, är ett skriptspråk med öppen källkod på serversidan som ansvarar för systemets drift och fungerar som motorn på din webbplats.

MySQL hanterar datalagring, inklusive innehåll, inställningar och olika olika typer av webbplatsinformation.

Om du är intresserad av att lära dig mer om PHP och MySQL finns det ett överflöd av resurser och förklaringar tillgängliga på internet.

Att installera en webbserver på din dator kan verka komplicerat till en början, men det handlar i huvudsak om att installera ett program. När programmet är installerat och aktiverat kan du fortsätta med att installera och hantera WordPress på din dator, där du får exklusiv tillgång till din WordPress-webbplats.

Det finns flera webbserverprogram tillgängliga, två populära alternativ är **LOCAL** och **MAMP**, som är kompatibla med både MacOS och Windows.

Med LOCAL kan du installera WordPress-webbplatser exklusivt, medan MAMP
gör det möjligt att installera flera CMS-sajter, inklusive WordPress.

För att komma igång öppnar du en webbläsare och navigerar till **localwp.com**. LOCAL installerar även Apache, MySQL och PHP, som är viktiga komponenter för att köra WordPress.

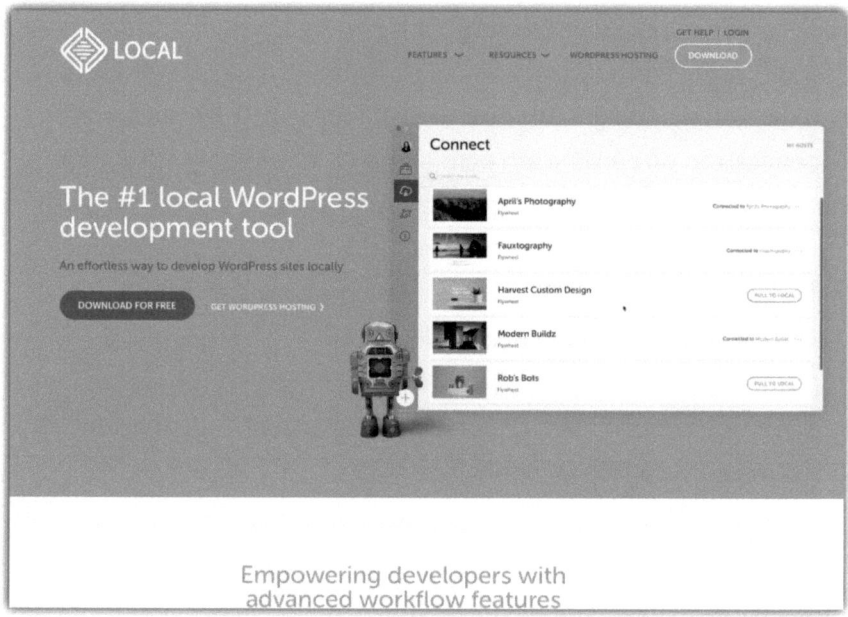

Följ dessa steg för att ladda ner LOCAL:

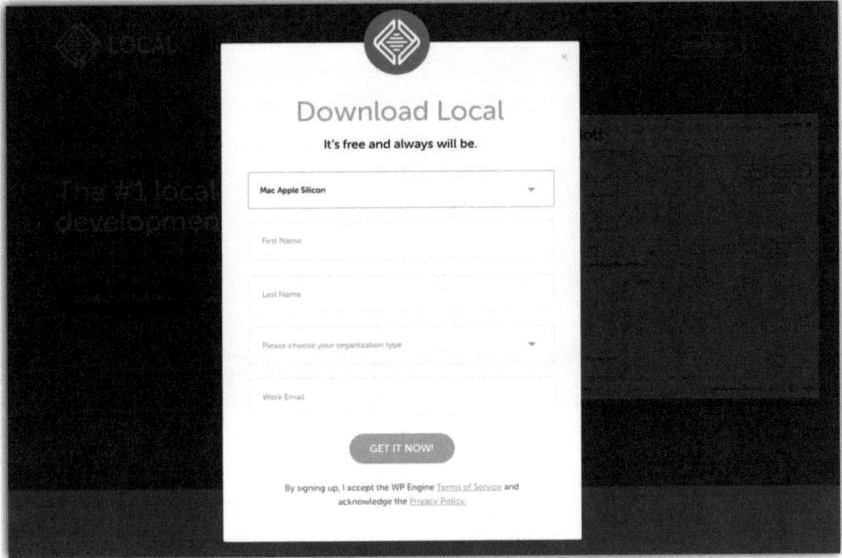

1. Gå till avsnittet **Downloads** på webbplatsen.
2. Ett popup-fönster kommer att visas. Välj antingen **Mac**- eller **Windows**-versionen baserat på ditt operativsystem.
3. Fyll i den information som krävs i formuläret.
4. Klicka på knappen **GET IT NOW**.

I följande kapitel finns detaljerade instruktioner om hur du installerar LOCAL och MAMP på både MacOS- och Windows-datorer.

Om du redan har en webbserver installerad på din dator och är bekant med att installera en CMS-plattform kan du hoppa direkt till kapitlet *INSTALLERA WORDPRESS PÅ DIN DATOR*.

Alternativt, om du vill installera WordPress direkt på internet, navigera till kapitlet *INSTALLERA WORDPRESS PÅ INTERNET*.

WEBBSERVER FÖR MACOS

Innan du installerar LOCAL bör du läsa igenom detta kapitel nog-grant. Observera att programvaran inte är tillgänglig via App Store.

Gå till **Appar > Systeminställningar > Sekretess och säkerhet**.

Aktivera alternativet **App Store och identifierade utvecklare**.

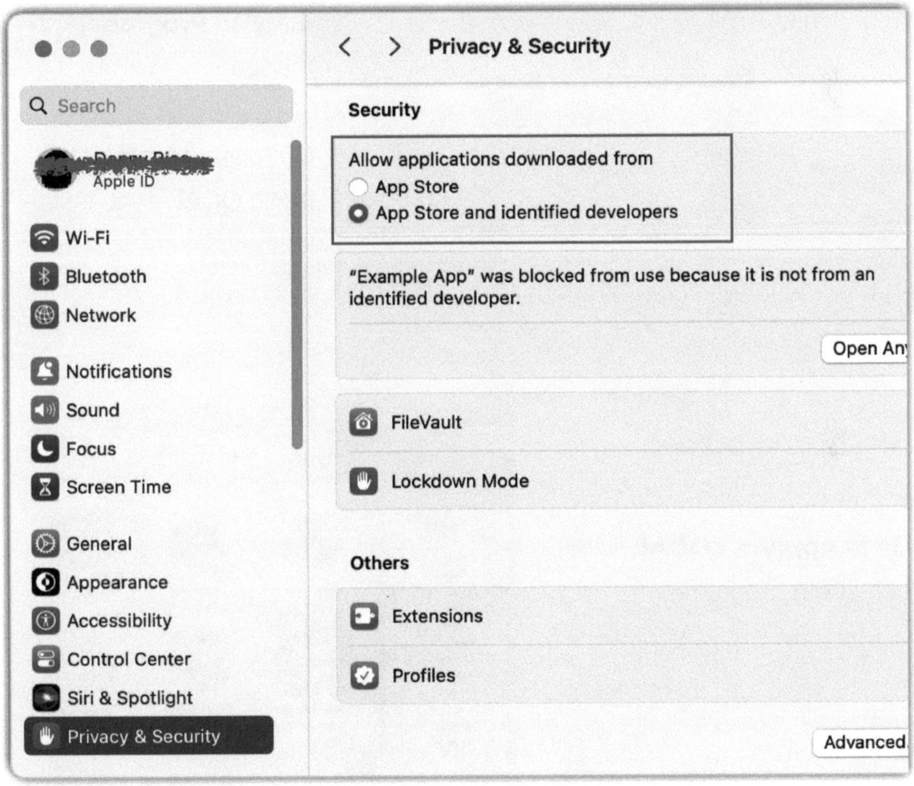

● ● ●	< > **Privacy & Security**
Q Search	**Security**
Denny Rice Apple ID	Allow applications downloaded from ○ App Store ● App Store and identified developers
🛜 Wi-Fi	
🔵 Bluetooth	"Example App" was blocked from use because it is not from an identified developer.
🌐 Network	
🔔 Notifications	Open An
🔊 Sound	
🌙 Focus	📷 FileVault
⏳ Screen Time	✋ Lockdown Mode
⚙️ General	
🅰 Appearance	**Others**
♿ Accessibility	🔲 Extensions
🎛 Control Center	
🔍 Siri & Spotlight	✓ Profiles
✋ Privacy & Security	Advanced

När detta är gjort kan du fortsätta med att installera LOCAL.

När du har laddat ner LOCAL hittar du en **.dmg**-fil i mappen **Downloads**.

Dubbelklicka på filen **local-9.1.0-mac.dmg** för att öppna den (versionsnumret kan variera). Ett fönster kommer att visas.

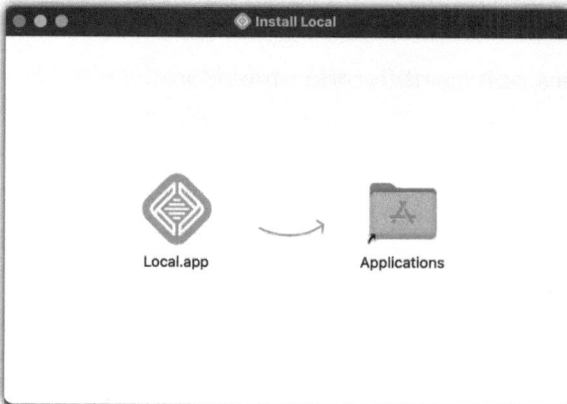

Från detta fönster drar du ikonen **Local.app** till mappen **Program** (Appmappen).

Gratulerar till installationen! LOCAL är nu installerat.

Starta upp LOCAL

Gå till **Appar > LOCAL** och starta programmet.

Du kommer att uppmanas av Finder att ge tillstånd.
Klicka på **Öppna** för att fortsätta.

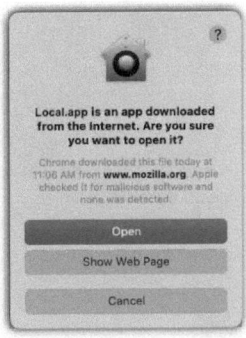

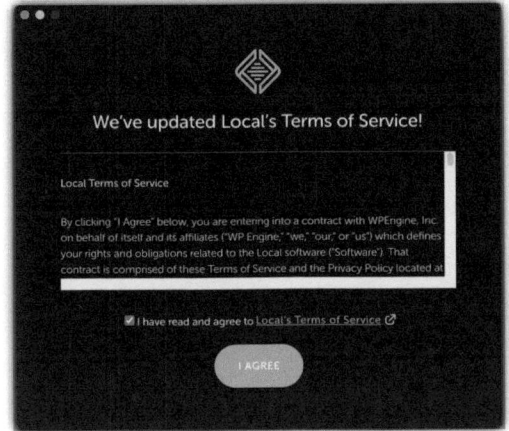

Godkänn villkoren och klicka på
I AGREE.

En ny skärm kommer att visas

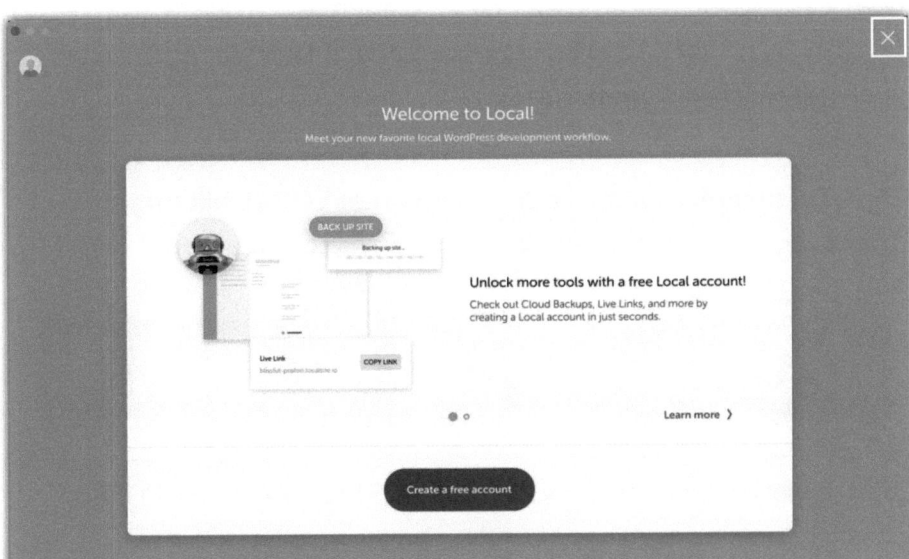

Du behöver inte skapa något konto. Klicka bara på det vita korset längst
upp till höger för att gå vidare till nästa skärm.

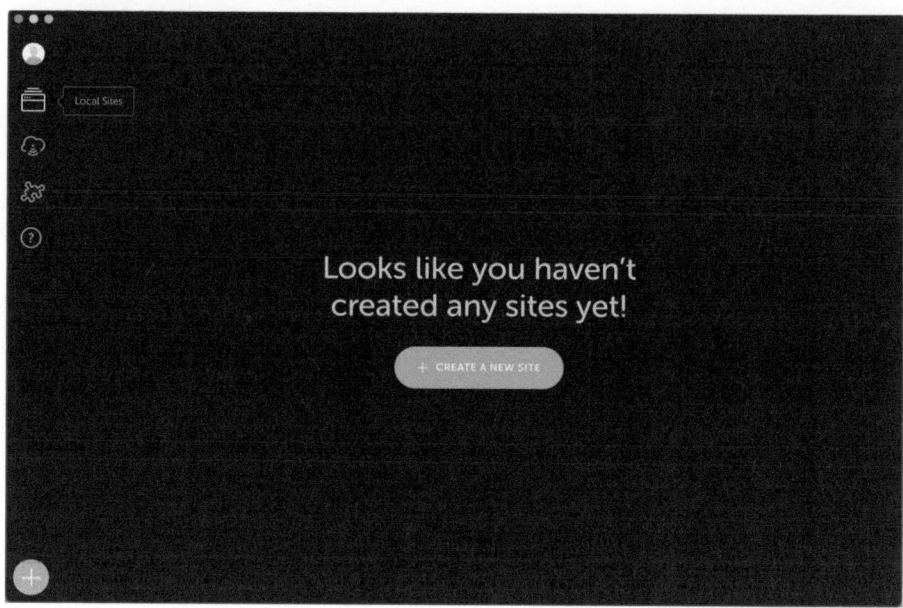

Innan du fortsätter med installationen av WordPress ska du stänga programmet genom att gå till **Main Menu > Local > Quit** eller använda tangentkombinationen **Command+Q**.

Tips: Du kommer att använda programmet LOCAL allt oftare framöver, så det är bra att skapa en genväg i Apple Dock.

Din webbserver är nu installerad. I kapitlet INSTALLERA WORDPRESS fortsätter du med programmet LOCAL. Om du vill veta mer om LOCAL kan du besöka www.localwp.com.

Om installationen av LOCAL misslyckas kan du använda MAMP som ett alternativ. Gå till *www.mamp.info*.

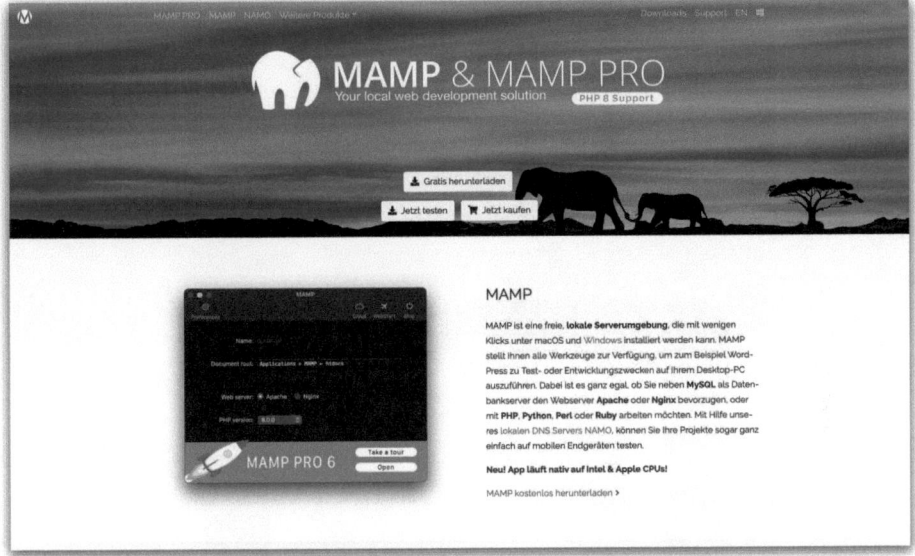

1. Ladda ner **MAMP & MAMP PRO** för MacOS.
2. Dubbelklicka på .pkg-filen i mappen Downloads.
3. Följ installationsprocessen.

Tips och råd: När du har installerat MAMP har du 2 program *MAMP* och *MAMP PRO*. Gratisversionen hittar du i **mappen Appar > MAMP**.

Pro-versionen kräver en licens. I kapitlet *Installera WordPress manuellt med MAMP* får du vägledning om hur du installerar WordPress med MAMP.

WEBBSERVER FÖR WINDOWS

Läs igenom detta kapitel innan du installerar LOCAL!

När programvaran har laddats ner hittar du **LOCAL-9.1.0-windows** i mappen Downloads (versionsnumret kan variera). Dubbelklicka på filen för att fortsätta.

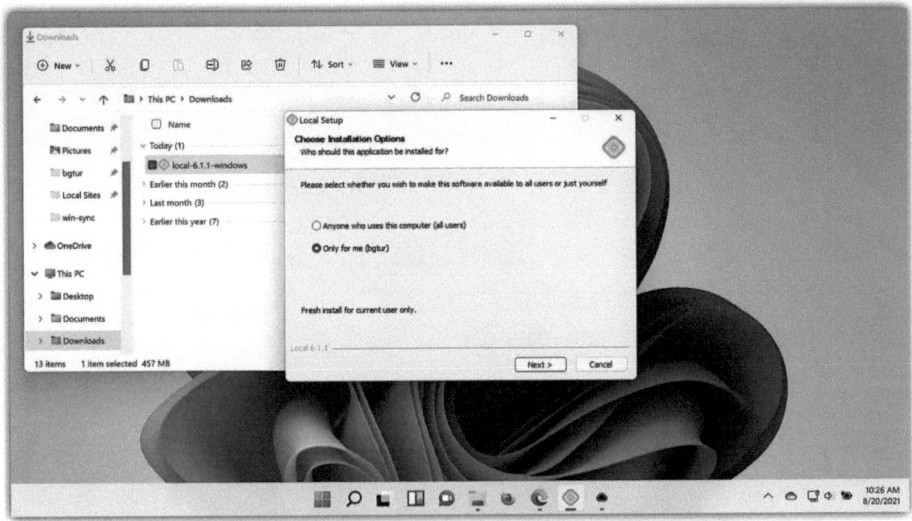

Fönstret nedan visas. Det spelar ingen roll vad du väljer.

Klicka sedan på **Next >**.

På den här skärmen visas installationssökvägen. Klicka på **Install**.

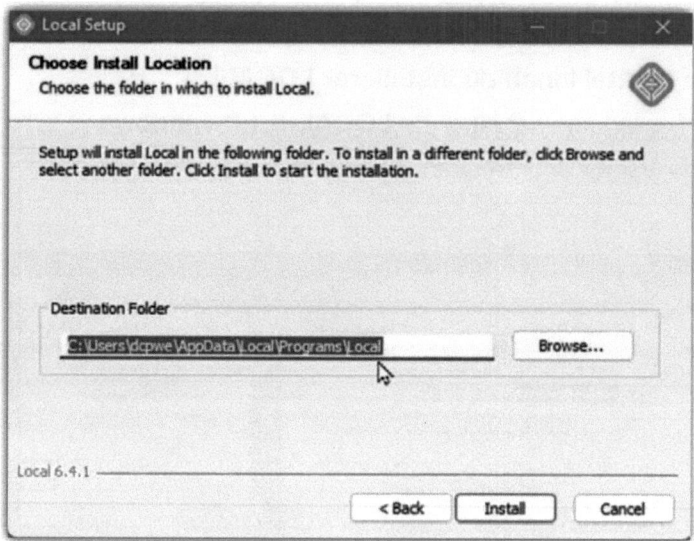

Dags för en snabb kopp kaffe eller te.

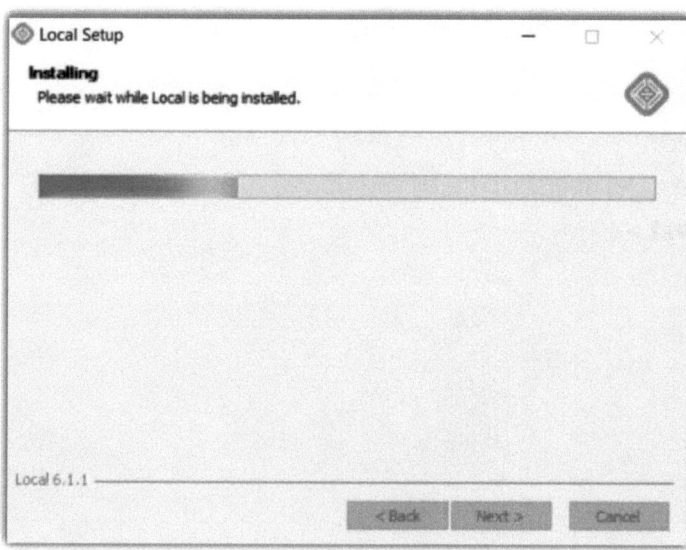

Under installationen kan du bli tillfrågad om programmet får göra ändringar i datorn.

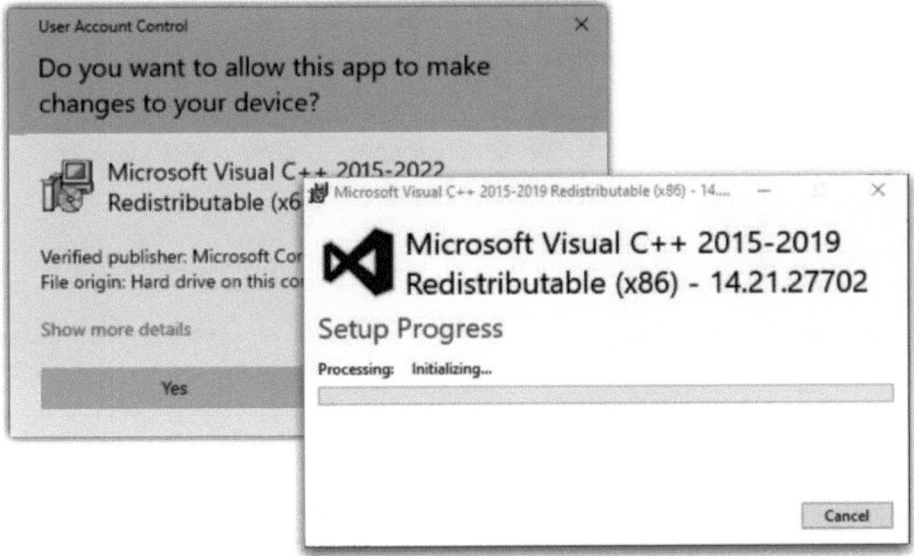

Klicka på **Yes** om du blir tillfrågad. Beroende på din Windows-version kan denna process upprepa sig själv.

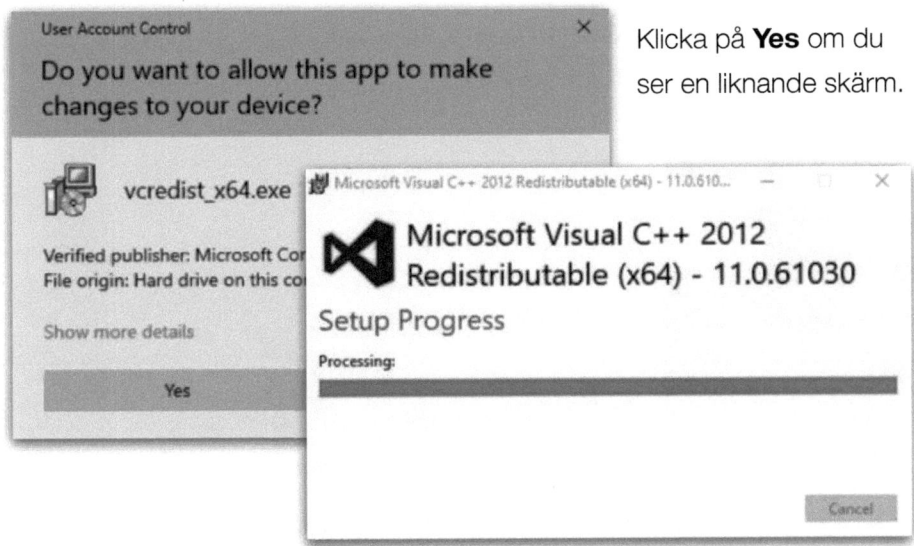

Klicka på **Yes** om du ser en liknande skärm.

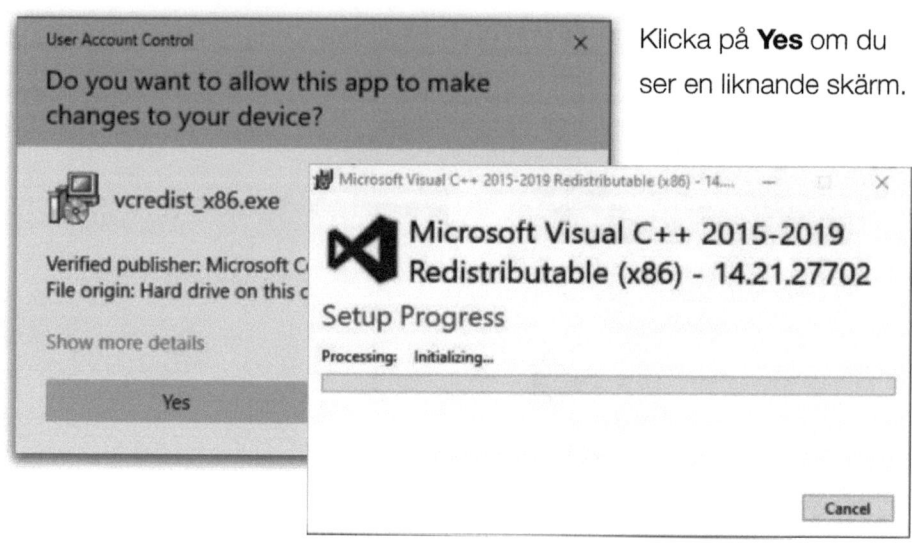

Klicka på **Yes** om du ser en liknande skärm.

När installationen är klar kommer du att se ett meddelande.

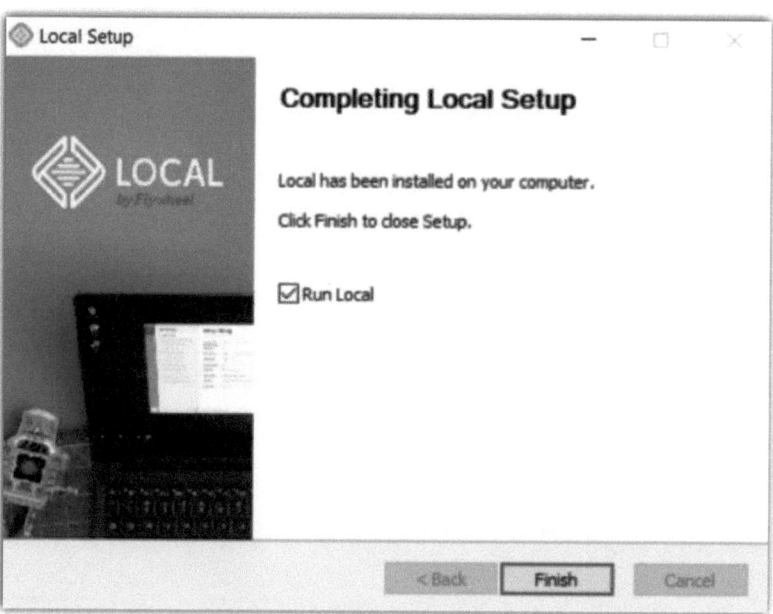

Gratulerar till installationen! LOCAL har installerats på ett framgångsrikt sätt.

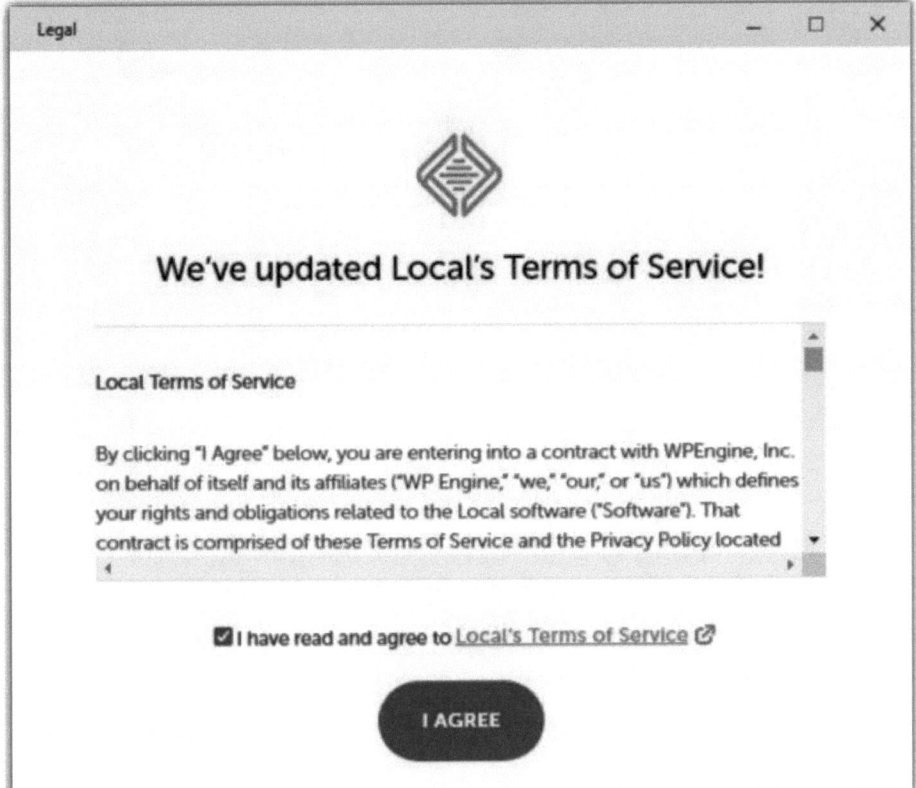

Godkänn villkoren genom att klicka på knappen **I AGREE**.

Om en popup-ruta med **felmeddelanden** visas klickar du på knappen **No**.

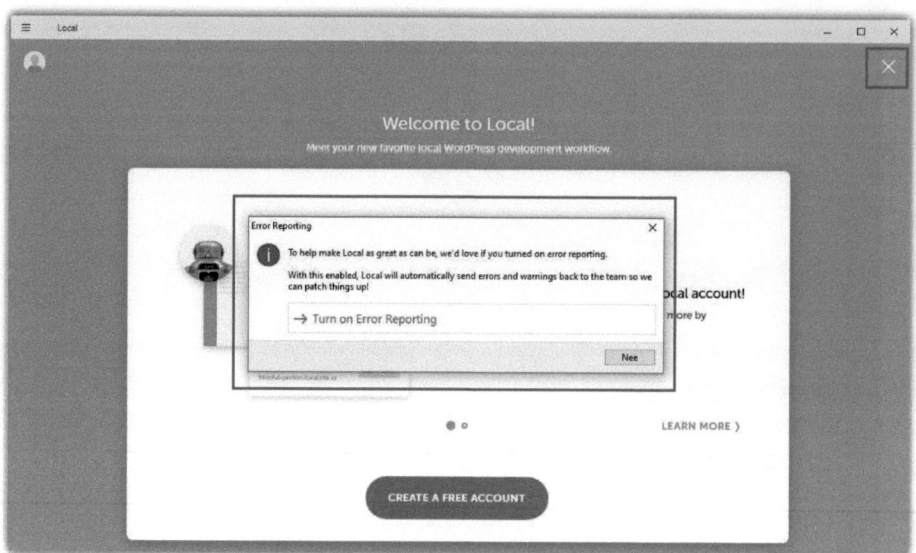

LOCAL kan fråga om du vill skapa ett konto, men det är inte nödvändigt. Klicka bara på det vita korset längst upp till höger för att gå vidare till nästa skärm (klicka inte på korset för att avsluta programmet).

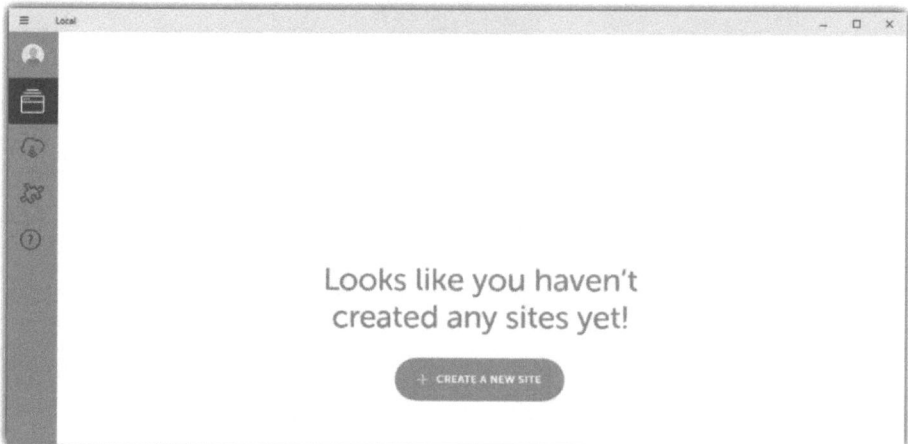

Från detta fönster kan du fortsätta att installera WordPress-webbplatser. Innan du gör detta ska du stänga LOCAL.

Du kan göra det genom att klicka på krysset längst upp till höger eller från huvudmenyn: gå till **Huvudmeny > Local > Exit** eller använd tangentkombinationen **Ctrl+Q**.

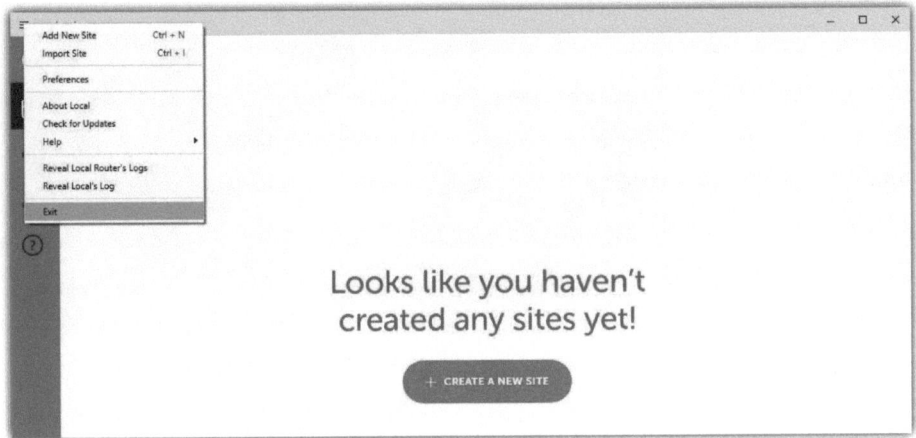

Tips: Du kommer nu ofta att använda programmet LOCAL, därför är det bekvämt att skapa en genväg i Aktivitetsfältet.

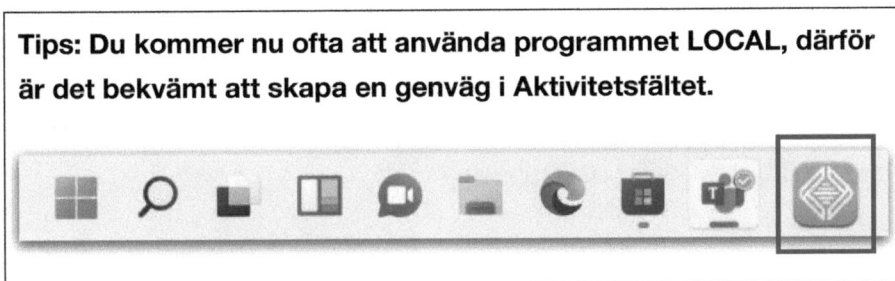

Uppstart LOCAL

Starta programmet. Gå till **Start**. och leta upp LOCAL under **Nyligen til-lagd**, under kategorin **L** eller använd **sökfältet**.

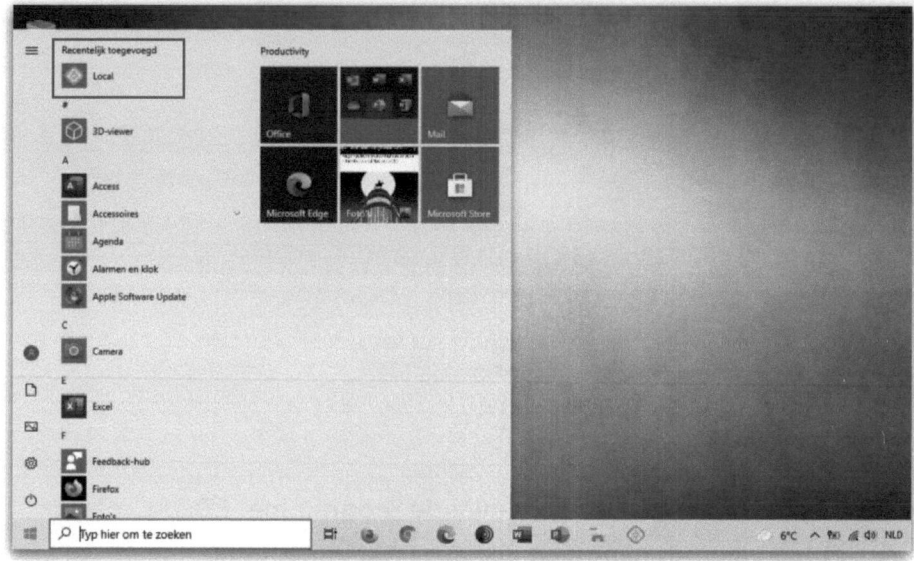

När programmet har startats visas ett LOCAL-fönster med **Apache**, **PHP** och **MySQL** aktiverade i bakgrunden.

I nästa kapitel *INSTALLERA WORDPRESS* fortsätter du att arbeta med LOCAL.

Om du vill ha mer information ome settings and features of LOCAL, visit *www.localwp.com*.

Om installationen av LOCAL misslyckas kan du använda MAMP som ett alternativ. Gå till *www.mamp.info*.

1. Ladda ner **MAMP & MAMP PRO** - Windows.
2. Dubbelklicka på **.exe**-filen i mappen Downloads.
3. Gå igenom installationsprocessen.

Tips och råd: När du har installerat MAMP har du 2 program *MAMP* och *MAMP PRO*.

Du kan använda MAMP gratis. Den hittar du i **mappen Appar > MAMP**. För en Pro-version krävs en licens. I kapitlet *Installera WordPress manuellt med MAMP* kan du läsa om hur du installerar WordPress.

INSTALLERA WORDPRESS

Enligt WordPress.org:

"WordPress är en programvara som är utformad för alla, med fokus på tillgänglighet, prestanda, säkerhet och användarvänlighet. Vi anser att bra programvara ska fungera med minimal installation, så att du kan fokusera på att dela din berättelse, produkt eller tjänst gratis. Den grundläggande WordPress-programvaran är enkel och förutsägbar, vilket gör det lätt att komma igång. Den erbjuder också kraftfulla funktioner för tillväxt och framgång."

WordPress är ett CMS (Content Management System) med öppen källkod som främst är utformat för att skapa bloggar. Dess användarvänliga drift och gränssnitt har lett till dess stora popularitet, och WordPress driver nu 43% av alla webbplatser på Internet, vilket gör det till det främsta valet bland Open Source CMS-plattformar. På WordPress.org hittar du en lista över företag och institutioner som har infört detta system.

Fördelarna med WordPress är bland annat

▸ Snabb och enkel att förstå och hantera tack vare sin icke-tekniska natur.
▸ Installationen kan utföras inom några minuter.
▸ Relativt stabil och säker.
▸ Kontinuerlig utveckling och uppdateringar.
▸ Enkla uppgraderingar till den senaste stabila versionen.
▸ Systemutvidgning genom plugins, med över 60 042 plugins tillgängliga i skrivande stund.
▸ Tusentals tillgängliga WordPress-teman (mallar) som snabbt kan ändras med bibehållet innehåll.
▸ Möjlighet att skapa egna WordPress-teman eller ändra befintliga teman med hjälp av HTML- och CSS-kunskaper.
▸ Stor community som utgör en enorm källa till kunskap och support.

Från och med januari 2022 har WordPress 5.9 släppts, vilket bland annat innebär förbättringar av Block Editor, mer intuitiva interaktioner och förbättrad tillgänglighet. I den här versionen introduceras också det första Block-temat som heter Twenty Twenty-Two.

WordPress fokuserar på att skapa bloggar, men i den här boken ligger tonvikten på att skapa en WordPress-webbplats på ett snabbt och praktiskt sätt. Den handlar om att skapa en webbplats och användning av bloggfunktionen, med inriktning på både informativa webbplatser och bloggar.

WordPress på din dator

Om du installerar WordPress på din dator kan du arbeta självständigt utan att vara beroende av ett webbhotell. Detta kan du göra med hjälp av program som **LOCAL** eller **MAMP**, som båda är gratis att använda.

Det finns två sätt att installera WordPress på din dator:

1. **Automatisk** WordPress-installation med hjälp av LOCAL.
2. **Manuell** WordPress-installation med hjälp av MAMP.

Automatisk WordPress-installation med LOCAL

Följ dessa steg för att automatiskt installera WordPress med hjälp av LOCAL. Observera att dessa anvisningar gäller för både Windows och MacOS:

Öppna programmet **LOCAL**.

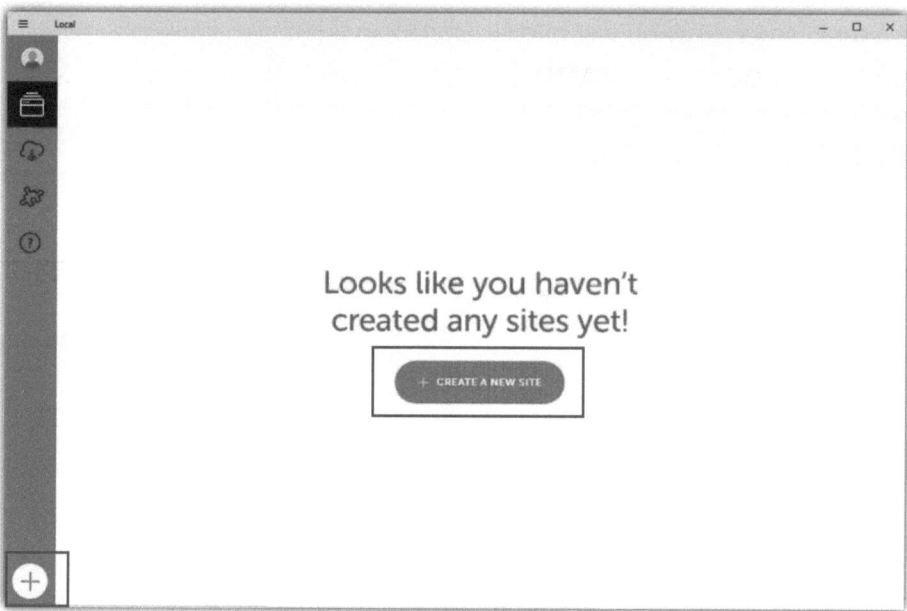

Klicka på knappen **+ CREATE A NEW SITE** eller på knappen + längst ned till vänster på skärmen.

Obs: Under installationsprocessen kan ditt datorsystem (Windows eller MacOS) be om tillstånd för att Local ska få göra ändringar. Ge alltid tillstånd om du blir tillfrågad.

Fortsätt genom installationsprocessen och klicka sedan på knappen **CONTINUE**.

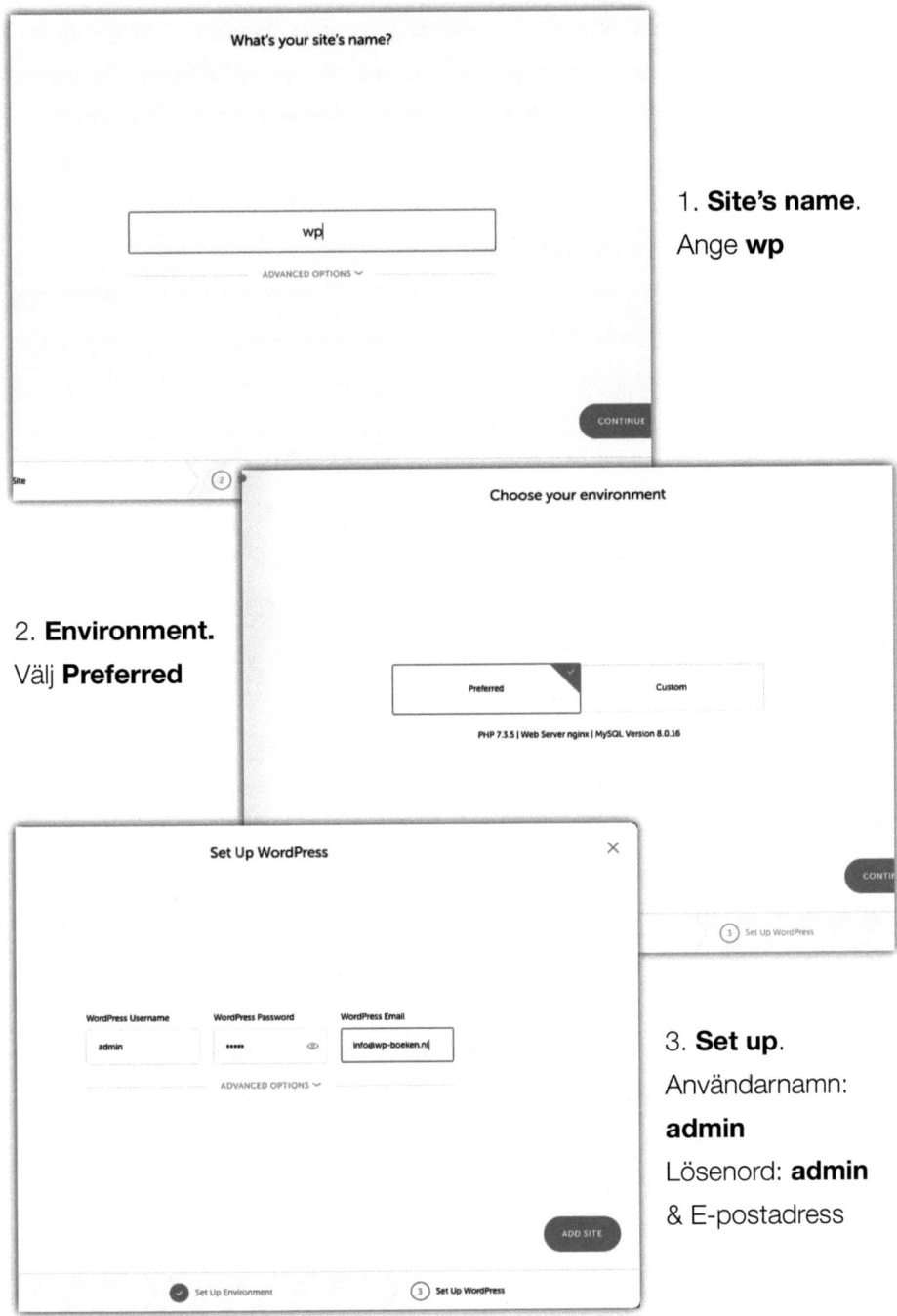

1. **Site's name**.
Ange **wp**

2. **Environment**.
Välj **Preferred**

3. **Set up**.
Användarnamn:
admin
Lösenord: **admin**
& E-postadress

Obs: *admin* har valts som användarnamn och lösenord eftersom det här är en lokal installation som endast du har åtkomst till. Det är lämpligt att ändra användarnamn och lösenord efter att ha exporterat webbplatsen till ett webbhotell.

Vänta tills installationen av WordPress är klar.

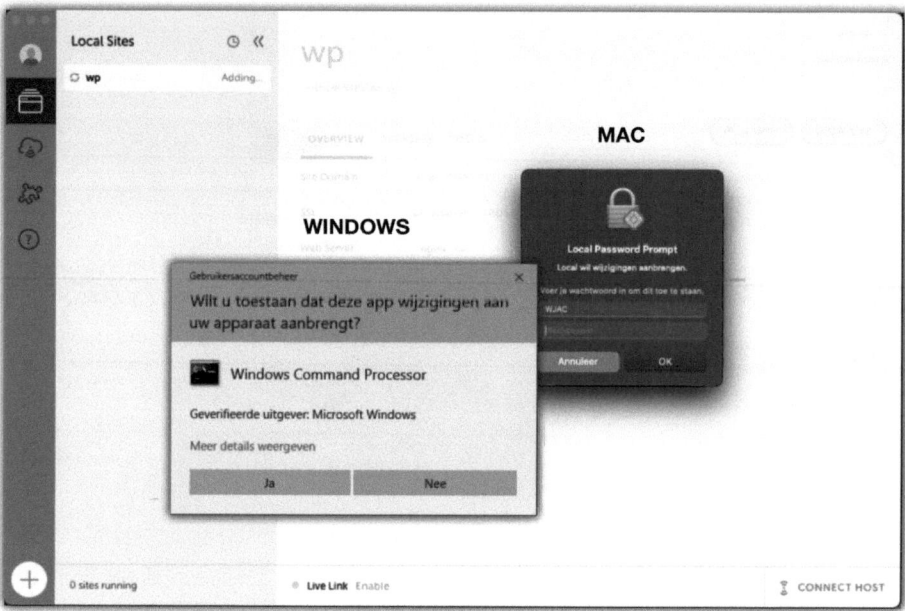

Ditt system (Windows eller MacOS) kan be om tillstånd för att göra ändringar. Klicka alltid på **Yes** eller **OK** om du blir tillfrågad.

Efter installationen ser du webbplatsen **wp** listad till vänster.
Om du klickar på den får du en översikt över den valda webbplatsen.

Från den här skärmen hittar du alternativ som:

STOP SITE: Gör det möjligt att *aktivera* eller *inaktivera* webbplatsen.

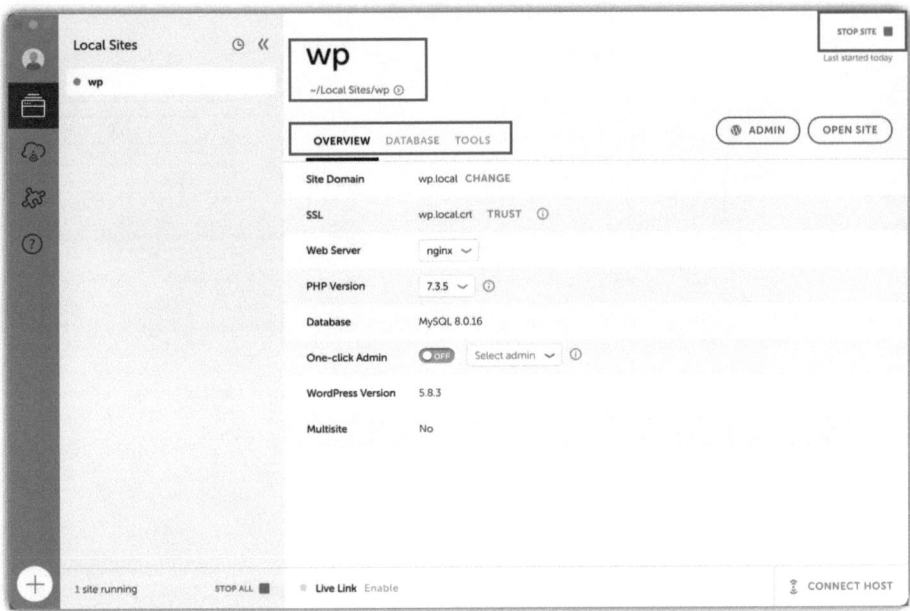

Site Title med en länk under **~/Lokala webbplatser/wp >**.

Detta hänvisar till installationsplatsens mapp.

Mappen **wp** finns i en Windows- eller MacOS-användarmapp.

Mappen **app > public** innehåller WordPress Core-filer.

3 flikar: **OVERVIEW**, **DATABASE** och **TOOLS**, som ger information om webbplatsen och tillgång till databasen.

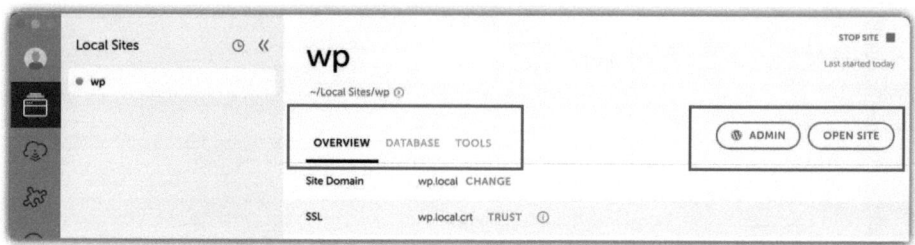

OPEN SITE-knappen: Gör att du kan visa platsen.

Webbplatsens URL är *wp.local*, vilket indikerar att den är installerad på din dator.

LOCAL installerar en förvald WordPress-webbplats som du enkelt kan anpassa eller konvertera till ett annat språk. I kapitlet *GRUNDINSTÄLLNINGAR, INNEHÅLL OCH JUSTERINGAR* får du lära dig hur du navigerar i WordPress administrationsdel och ändrar webbplatsens språk.

Med knappen **ADMIN** kommer du till administrationsavsnittet.

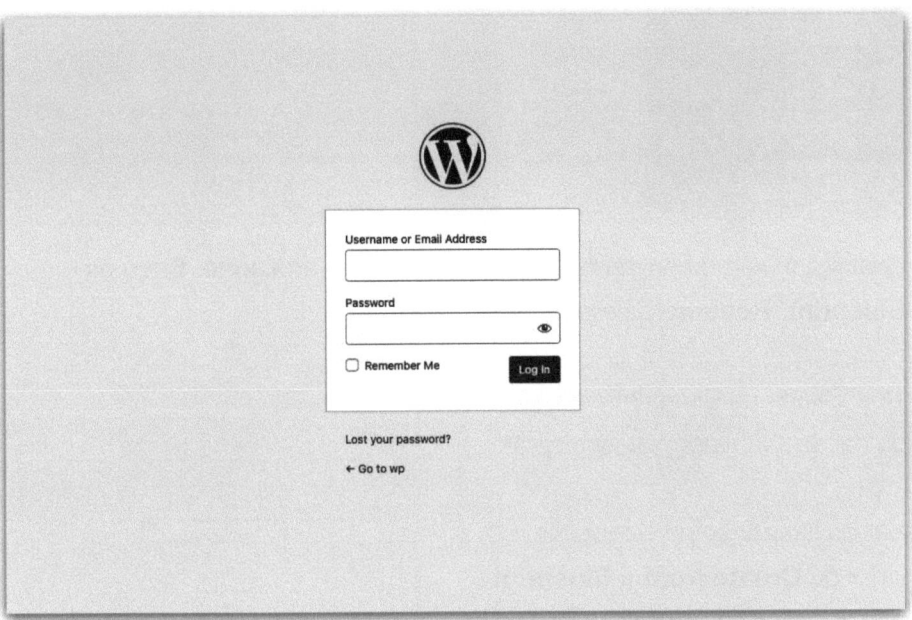

Gå till administrationsavsnittet genom att klicka på ADMIN-knappen.

URL:en till administrationsområdet är *wp.local/wp-admin*.

Du kan installera WordPress-webbplatser så många gånger du vill.

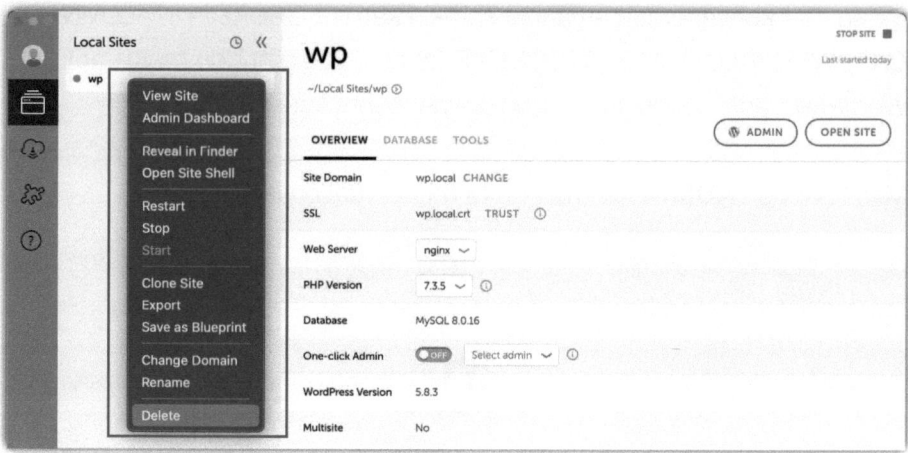

I platslistan kan du använda höger musknapp för att **Clone**, **Save as Blueprint**, **Rename** på eller **Delete** webbplatser.

Tips: Skapa en Blueprint efter att du har ändrat webbplatsens språk.

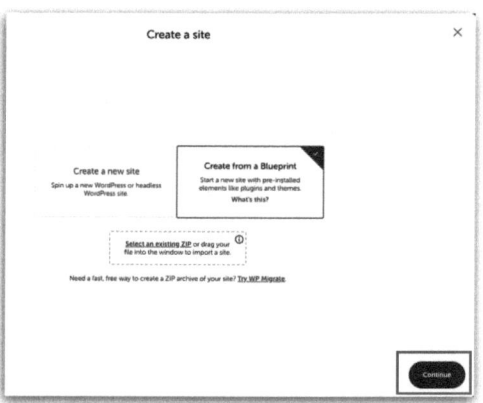

När du skapar en ny webbplats väljer du **Create from a Blueprint** och väljer din **Blueprint**.
Det finns ingen anledning att ändra webbplatsens språk efteråt.

Mer information om LOCAL-inställningar och -funktioner finns på *www.localwp.com*.

Manuell WordPress-installation med MAMP

För användare som använder MAMP kommer jag att guida dig genom installationen av WordPress. En WordPress-installation hos ett webbhotell kan vara automatiserad eller manuell, och vi rekommenderar att LOCAL-användare bekantar sig med den manuella installationsmetoden. Det som är automatiserat med LOCAL måste utföras manuellt i den här processen.

Starta **MAMP** (inte PRO-versionen) och klicka på **Start**-knappen.

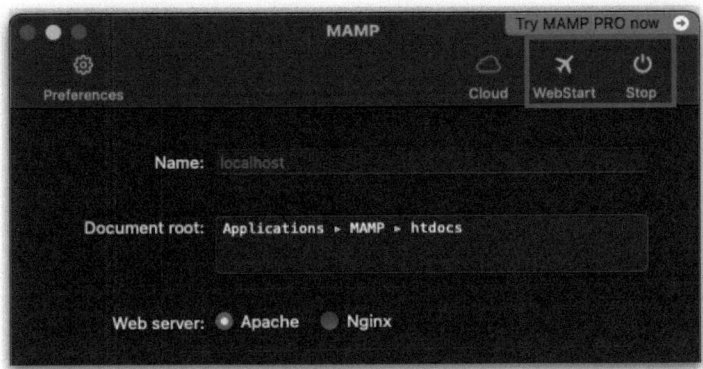

Öppna MAMP-hemsidan med hjälp av **WebStart**-knappen.

Gå till **Tools > phpMyAdmin**.

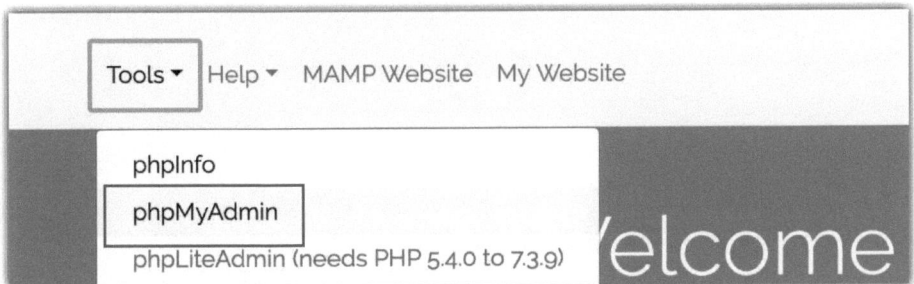

Ett **phpMyAdmin**-fönster visas. Här kan du skapa och hantera en database. Skapa en **MySQL**-databas.

1. Klicka på fliken **Databaser**.

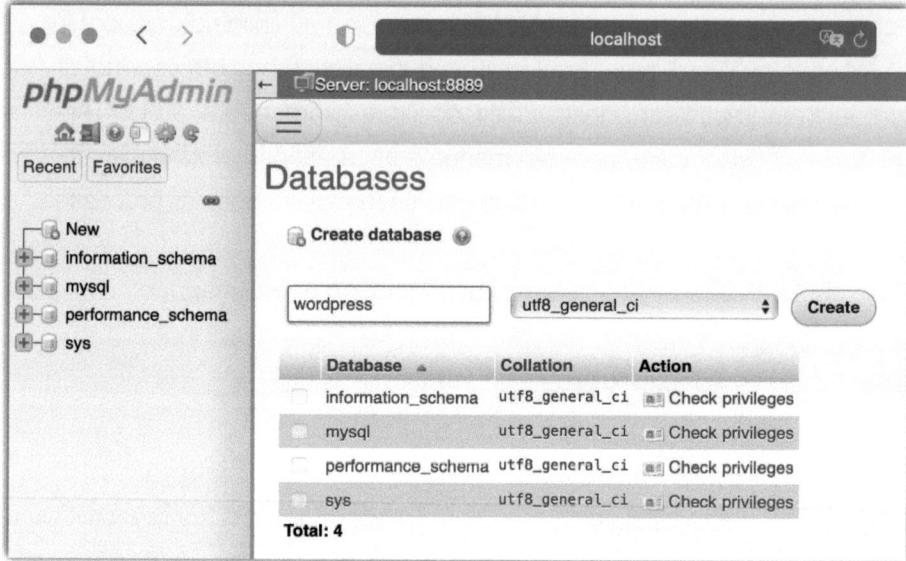

2. Gå till **Create new database**.

Ge databasen ett namn, t.ex. **wordpress**.

Klicka på knappen **Create**.

Gratulerar till din databas! Du har skapat en databas. Nu kan du fortsätta med att installera WordPress.

1. Öppna en webbläsare och gå till **wordpress.org**.

Ladda ner den senaste versionen av WordPress.

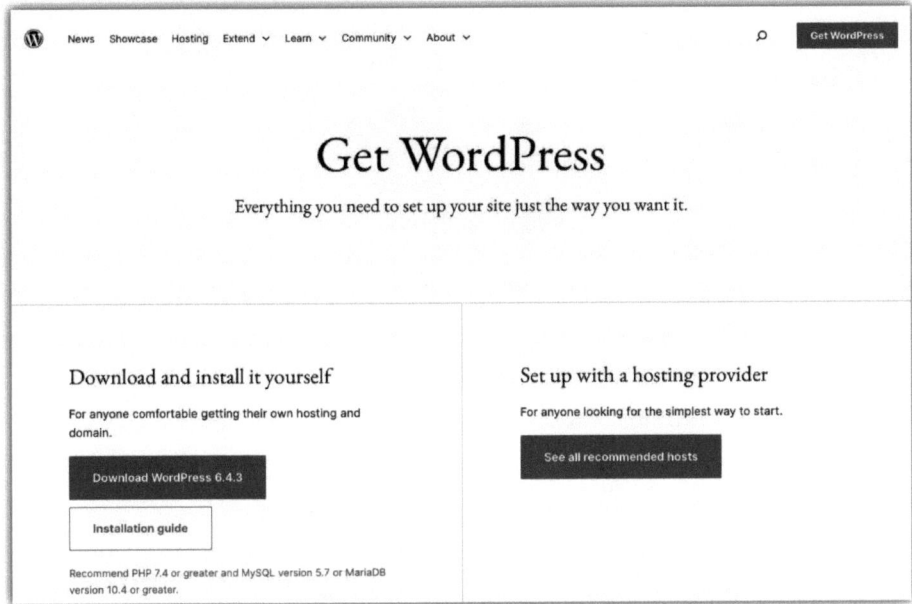

När du har laddat ner den hittar du **zip**-filen i mappen **Downloads** och packar upp den.

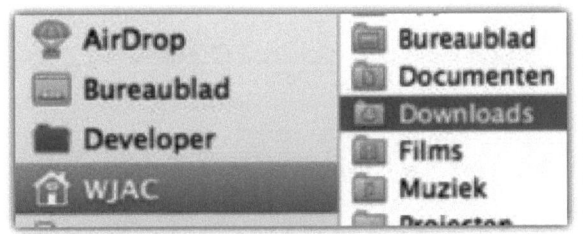 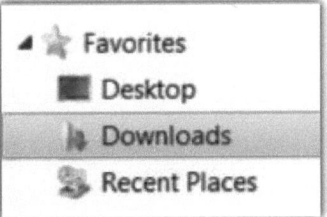

Byt namn på den extraherade mappen till **wp**.

2. Placera **wp**-mappen i roten på din server. För MAMP-användare är detta vanligtvis **htdocs**-mappen.

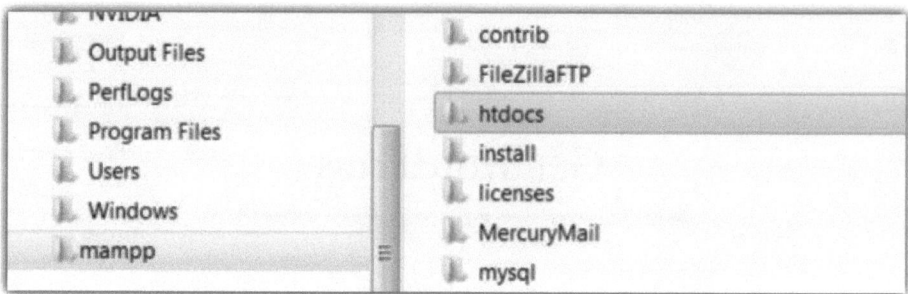

3. Öppna MAMP-hemsidan med **WebStart**.
   Klicka på **My Website > wp**.

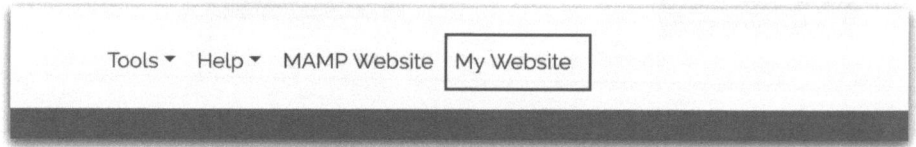

Eller skriv in följande adress i din webbläsare:
http://localhost:8888/wp.

4. Välj önskat språk för WordPress-panelen och klicka på **Continue**.

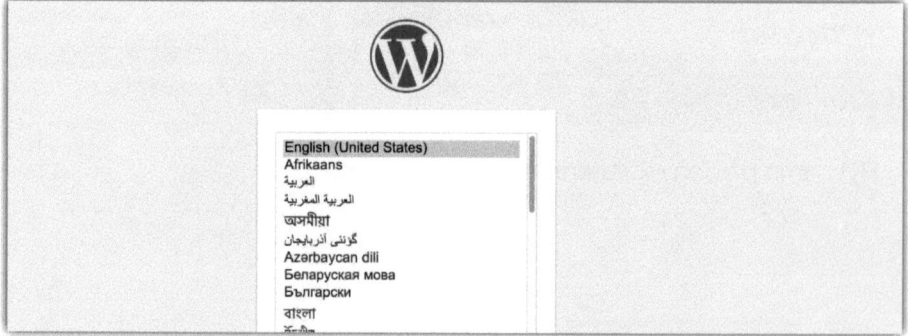

5. WordPress kommer att uppmana dig att ha viss information redo.

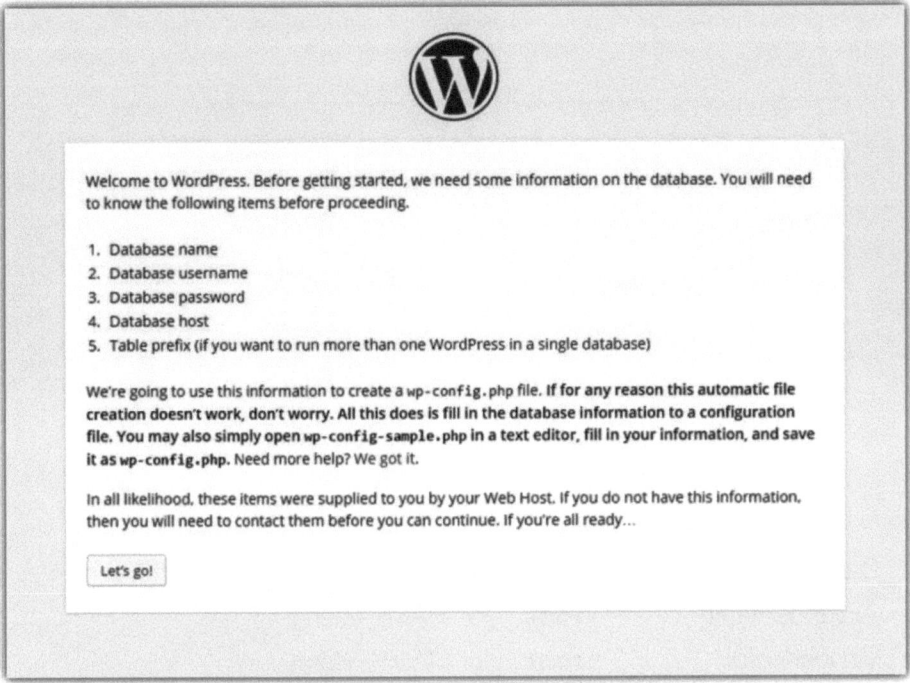

Klicka på **Let's get started!**

6. I de angivna fälten anger du följande information:

Databasens namn: **wordpress**

Användarnamn: **root** (för MAMP users)

Vid lösenord: **root** (för MAMP users)

Databas-host: **localhost**

Table prefix: **123wp_** (notera, slutar med understrykning_)

Klicka på **Submit**.

För MAMP-användare är standardanvändarnamnet och lösenordet för databasen "root, root".

Låt oss gå lite djupare in på konceptet med tabellprefix i WordPress. Det är möjligt att ansluta flera WordPress-webbplatser till en enda databas. Det är här tabellprefixet kommer in i bilden under installationen. Prefixet säkerställer att varje WordPress-webbplats hämtar rätt data från den delade databasen.

Som standard tilldelar WordPress prefixet **wp_** till sina tabeller. Detta standardprefix är dock allmänt känt av hackare. För att stärka säkerheten är det klokt att ändra detta standardprefix under installationen. Välj ett unikt prefix, t.ex. **123wp_** (kom ihåg att lägga till ett understreck efteråt).

7. Ett nytt fönster visas.

All right, sparky! You've made it through this part of the installation. WordPress can now communicate with your database. If you are ready, time now to...

Run the installation

Klicka på **Run the installation**.

8. Följande fönster visas.

Webbplatsens titel:	Titeln på din webbplats
Användarnamn:	admin
Lösenord:	admin (Du kan ändra detta igen senare)
Bekräfta lösenord:	Bekräfta
E-postadress:	Din e-postadress
Sökmotor... :	Aktivera inte ännu

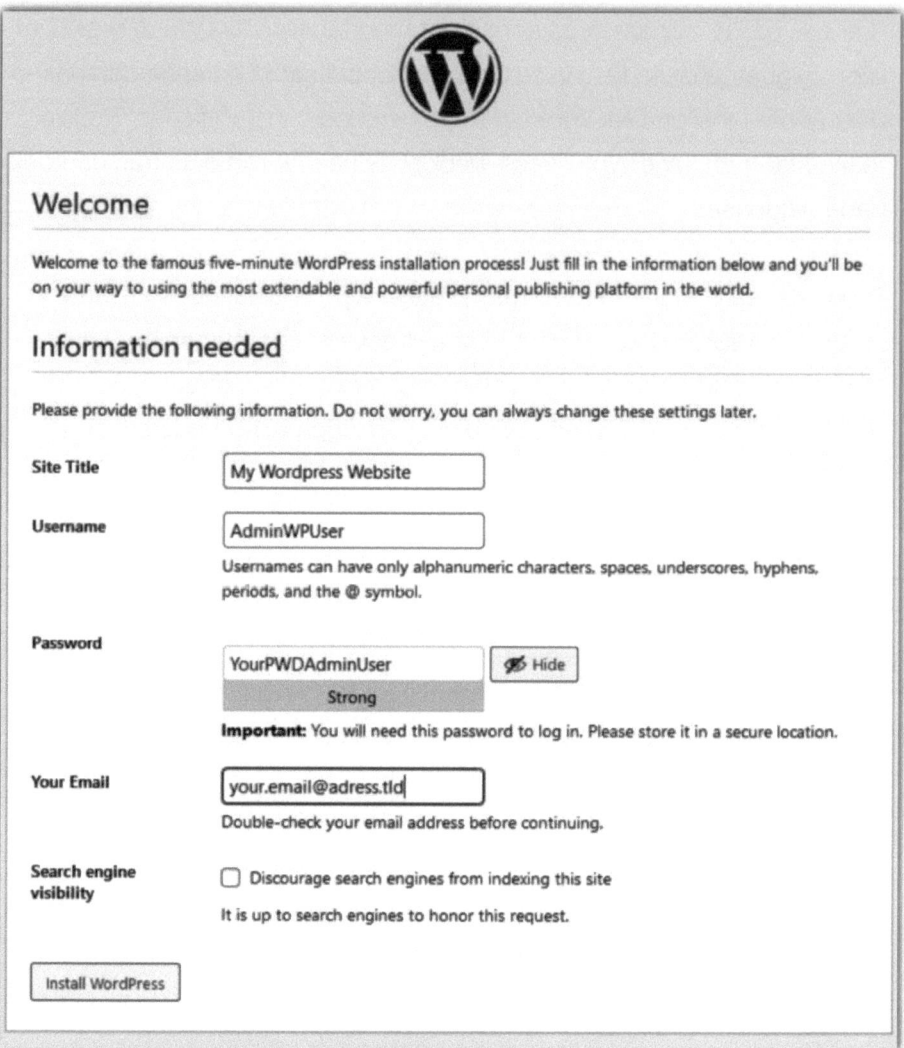

9. Klicka på **Installera WordPress**.

10. Gratulerar till din installation! WordPress är nu installerat.

Klicka på **Logga in**.

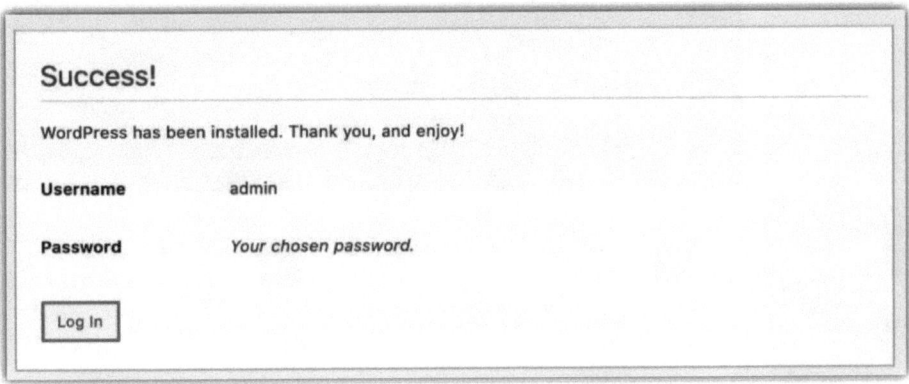

11. Använd **admin** för både användarnamn och lösenord och klicka på **Logga in**.

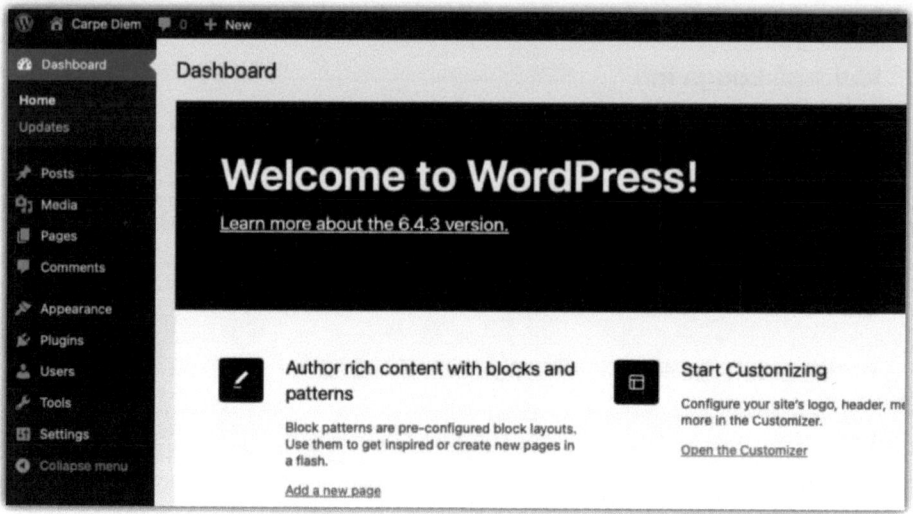

12. I WordPress-administratörsdelen kan du konfigurera din webbplats ytterligare. Mer information finns i kapitlet *WORDPRESS INSTÄLLNINGAR*.

13. För att komma åt din webbplats, gå längst upp till vänster, **Besök webbplats** eller besök webbadressen: **http://localhost:8888/wp**.

14. Om du vill logga ut från adminsektionen klickar du på **Hej, admin** längst upp till höger och väljer **Logga ut**.

Carpe Diem   Home   Maecenas   Vivamus ⌄   Lorem ipsum

Blog

Hello world!

Welcome to WordPress. This is your first post. Edit or delete it, then start writing!

november 8, 2023

Carpe Diem

Blog	Events
About	Shop
FAQs	Patterns
Authors	Themes

© 2024   Designed with WordPress

INSTALL WORDPRESS ON THE INTERNET

Installationen av WordPress på Internet går till på samma sätt som installationen på datorn (se kapitlet *Installera WordPress*). För en online-installation behöver du dock ett **domännamn** och ett **webbhotell**, som du kan skaffa hos ett webbhotell.

Kontrollera att ditt webbhotell stöder **PHP** (version 8.3 eller högre) och **MySQL** (version 8.0 eller högre) innan du fortsätter. När du har valt ett lämpligt webbhotell kan du påbörja installationsprocessen. Om du inte har valt en domän eller ett webbhotell ännu, kan du överväga leverantörer som *ionos.com*.

IONOS

När du har registrerat dig för ett domännamn och ett webbhotell får du den information du behöver. Om du är osäker på hur du skapar en databas eller om du har tillgång till phpMyAdmin ska du kontakta ditt webbhotell. Här är några frågor du kan ställa:

- Kan jag installera WordPress med hjälp av en applikationsinstallatör?
- Om inte, finns det en databas tillgänglig och vad heter den?
- Vad är användarnamnet för min databas?
- Vad är databasens lösenord?
- Hur kommer jag åt phpMyAdmin?

Att konfigurera en **databas** och hitta **phpMyAdmin** kan vara en utmaning för WordPress-installationer online jämfört med att använda LOCAL eller MAMP, eftersom du är beroende av din hostingleverantör.

Även om de flesta webbhotell tillhandahåller omfattande dokumentation om databashantering kan det gå snabbare att kontakta en helpdesk.

Det är viktigt att notera att databashosting inte alltid innebär att en databas har skapats åt dig.
databas har skapats åt dig. Din hostingleverantör kan redan ha skapat en, eller så kan du behöva skapa den själv.

I de följande kapitlen beskriver jag två installationsmetoder:

Wordpress-installation **MED** en appinstallatör, **Metod 1**.
Wordpress-installation **UTAN** appinstallatör, **metod 2**.

I kapitlet *Flytta en lokal webbplats till internet* förklarar jag dessutom hur du flyttar en WordPress-webbplats från din dator till internet, från en **lokal** miljö till en **fjärrmiljö**.

WordPress-installation med en app installer, metod 1

Många webbhotell tillhandahåller en kontrollpanel med en applikationsinstallatör, vilket förenklar installationsprocessen för CMS-plattformar som WordPress på några minuter och utan att kräva teknisk expertis.

My IONOS Login
Customer ID, email address or domain
Forgot your login details?
Next

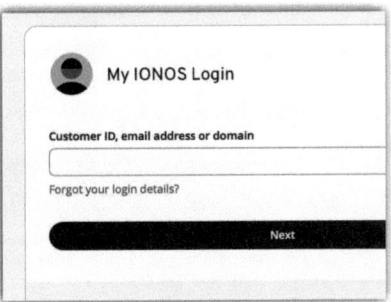

1. Logga in på ditt **IONOS**-konto och navigera till **Menu > Websites & Stores**.

2. Klicka på **Popular Open-Source solutions**.

> Websites & Stores
Create New Project
What would you like to do?
Create a Website
Choose the right website builder for you, from simple and intuitive to professional and flexibly expandable.
Sell Online
Simple and modern shop builders and professional B2B solutions will quickly lead you to sales success.
Add Existing Websites
Organize all of your existing websites and keep track of them, no matter where your projects are located.
Couldn't find what you're looking for?
Create WordPress project
We operate one of the largest hosting platforms in North America, which we have improved specifically for WordPress requirements.
Popular Open-Source solutions
In the Click & Build overview you will find popular apps, such as WordPress, Joomla! and more, installed on your webspace with just a few clicks.
Start your hosting project
You are a web professional and want to be in full control. Use the right hosting infrastructure to create great web projects.

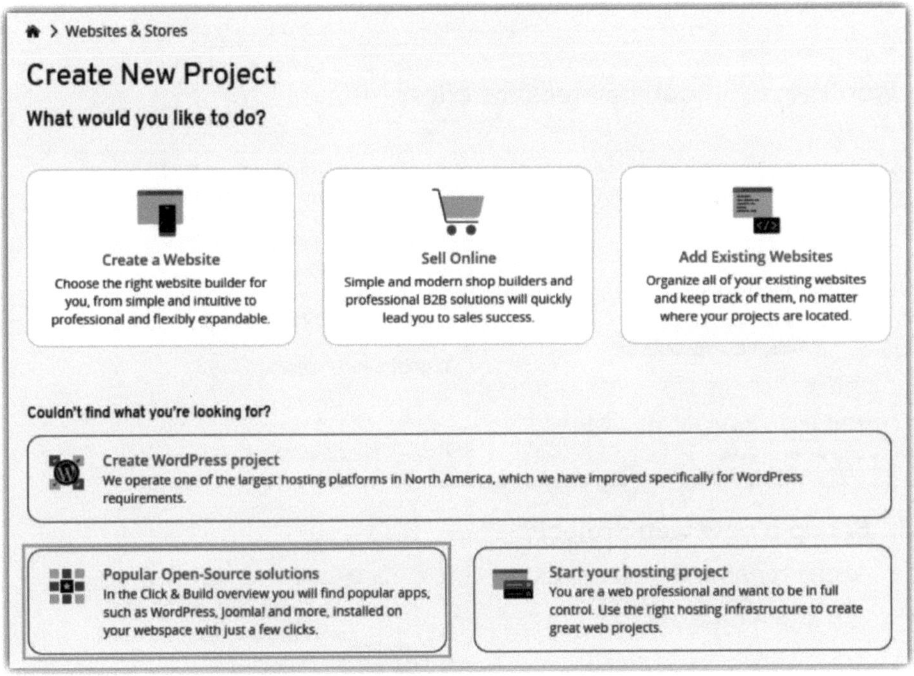

3. På sidan **Click & Build Overview** hittar du en lista över tillgängliga applikationer. Leta upp **WordPress** och klicka på **Install**.

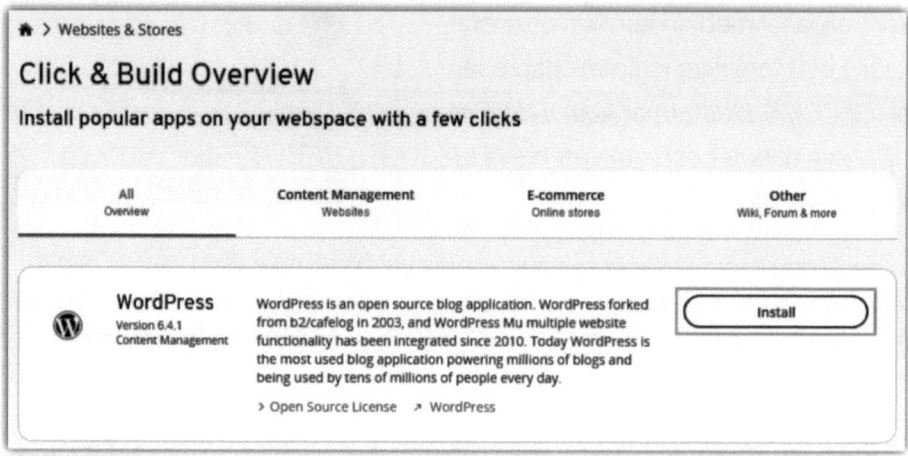

4. Välj **Manage WordPress yourself**.

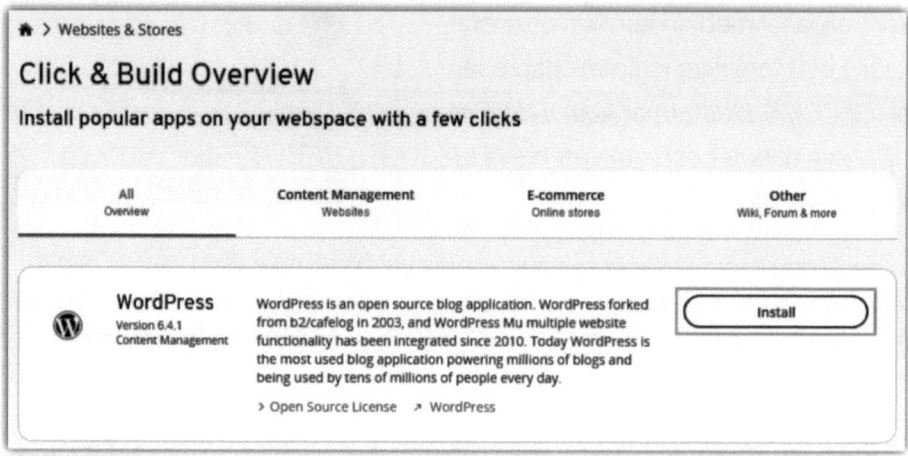

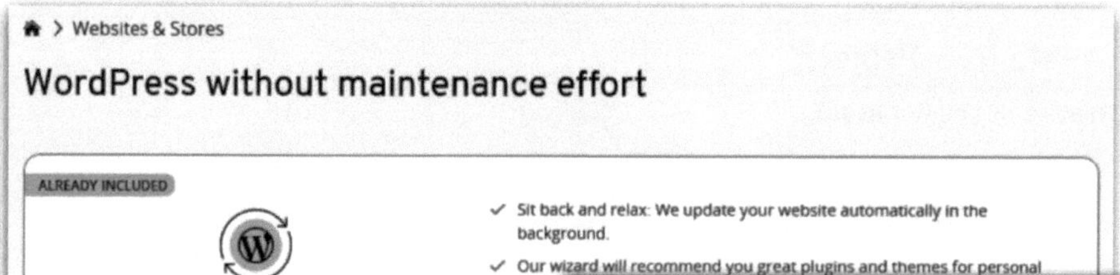

5. **Set up a new web project:** Ange ett namn för ditt projekt och klicka på **Next**.

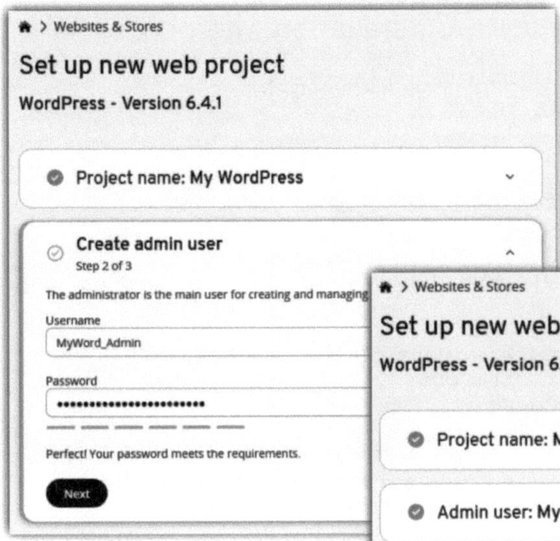

Create admin user:

Ange ett användarnamn
och lösenord för att komma
åt din webbplats och klicka
på **Next**.

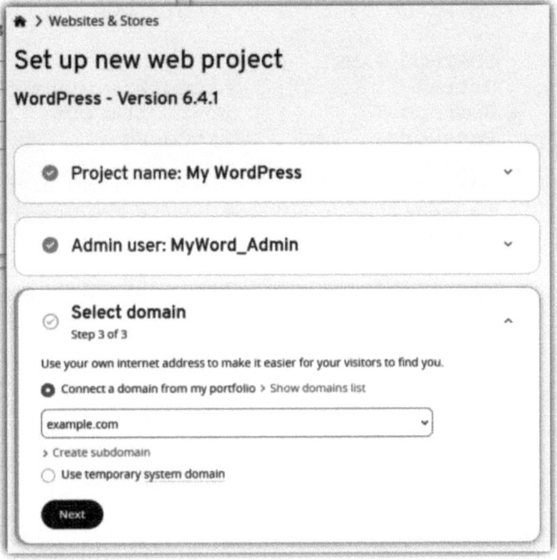

Set up new web project
WordPress - Version 6.4.1

✔ Project name: My WordPress

Create admin user
Step 2 of 3

The administrator is the main user for creating and managing

Username
MyWord_Admin

Password
•••••••••••••••••••••••

Perfect! Your password meets the requirements.

Next

Select domain:

Välj den domän som du vill
ansluta till och klicka på
Next.

Set up new web project
WordPress - Version 6.4.1

✔ Project name: My WordPress

✔ Admin user: MyWord_Admin

Select domain
Step 3 of 3

Use your own internet address to make it easier for your visitors to find you.

● Connect a domain from my portfolio › Show domains list

example.com

› Create subdomain
○ Use temporary system domain

Next

Set up new web project
WordPress - Version 6.4.1

✔ Project name: My WordPress

✔ Admin user: MyWord_Admin

✔ Domain: example.com

Install WordPress

Starta installationen gen-
om att klicka på **Install
WordPress**.

När installationen är klar
kommer du att få ett e-
postmeddelande.

WordPress-installation utan appinstallation, metod 2

Ditt webbhotell har försett dig med följande (fiktiva) data:

```
Technical information for http://www.your_site.com

WWW:
Homepage url:          http://www.your_site.com

CONTROL PANEL
Url:                   https://www.your_site.com:8443
Username:              your_site.com
Password:              1abCdeFg

FTP:
To transfer your website to our server, you will need an
FTP program.

Host:                  ftp.your_site.com
Username:              your_username
Password:              2abCdeFg

EMAIL:
POP3 server:           pop.your_site.com
SMTP server:           http://www.your_host.com/n5
Webmail:               http://www.your_host.com

STATISTICS:
Url:                   https://www.your_host.com/st
User name:             your_site.com
Password:              3abCdeFg
```

I så fall måste du först skapa en **databas** innan du installerar WordPress.
Detta görs vanligtvis med hjälp av en **kontrollpanel** där du kan hantera
olika aspekter av din webbplats, inklusive att skapa databaser.

Viktig information från webbhotellet är bland annat **FTP-information** och tillgång till **kontrollpanelen**, där du kan hantera webbplatsrelaterade uppgifter som att hantera e-postadresser och skapa databaser.

Nedan kan du se en liknande kontrollpanel som heter **Plesk**.

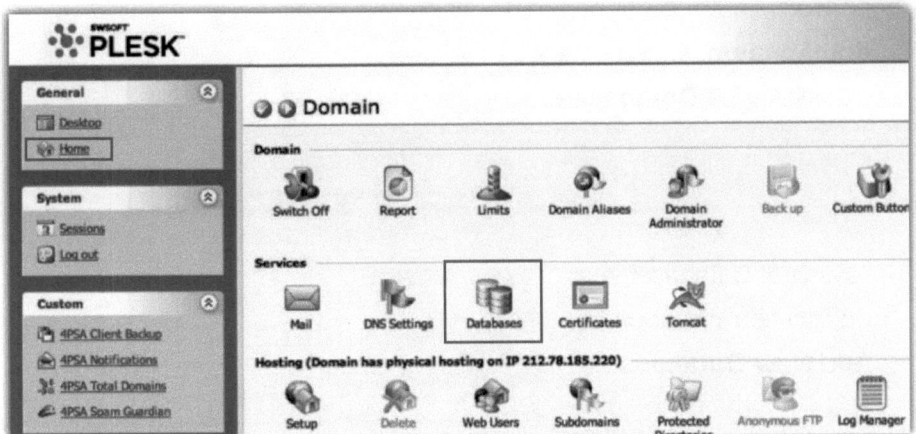

Att skapa en databas kan skilja sig mellan olika webbhotell, men det viktigaste steget är att du måste skapa en databas själv från kontrollpanelen. Målet är att hitta en **databasikon** eller ett alternativ i kontrollpanelens gränssnitt. Vanligtvis hittar du en länk till phpMyAdmin, ett verktyg för att hantera MySQL-databaser, som kommer att aktiveras och synas.

Följande förklaring förutsätter en Plesk-miljö, men om ditt webbhotell inte använder Plesk kan den beskrivna metoden ändå ge dig en förståelse för vad du ska leta efter. Processen för att skapa en databas är i allmänhet likartad i olika gränssnitt för kontrollpaneler.

1. Öppna en webbläsare och navigera till URL:en (länken) till **kontrollpanelen** som du får från ditt webbhotell. Logga in med dina inloggningsuppgifter från webbhotellet.

2. När du är inloggad klickar du på **Home** eller navigerar till ditt **domännamn**, sedan hittar du och klickar på **Databases**.

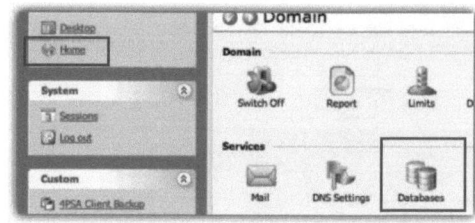

3. I avsnittet Databaser letar du upp och klickar på **Add New Database**.

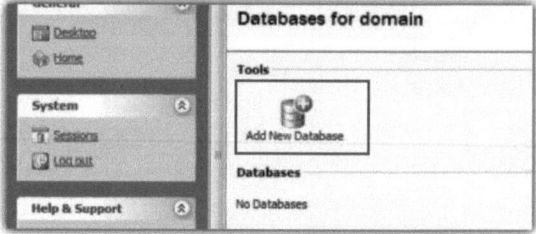

4. I fältet **Database name** anger du ett önskat namn för databasen. Kontrollera att Typ är inställt på **MySQL**. Klicka sedan på **OK**.

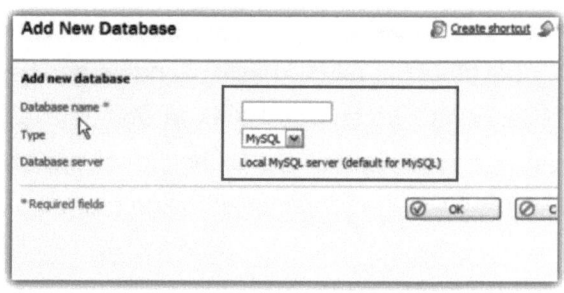

5. Skapa sedan en databasanvändare genom att klicka på **Add New Database User**.

6. I fältet **Database user name** anger du ett användarnamn för databasanvändaren. Ange sedan ett lösenord för användaren i fälten **New Password** (nytt lösenord) och **Confirm Password** (bekräfta lösenord). Klicka på **OK** för att spara användaruppgifterna.

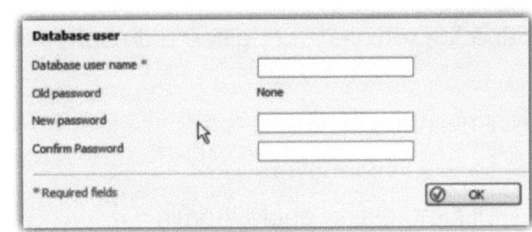

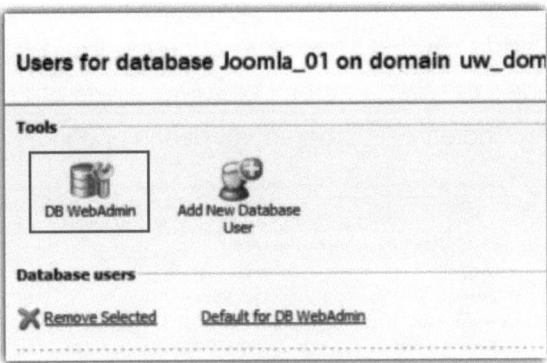

7. Din databas har nu skapats. Klicka på **DB WebAdmin** för att komma till phpMyAdmin-gränssnittet online i ett nytt fönster.

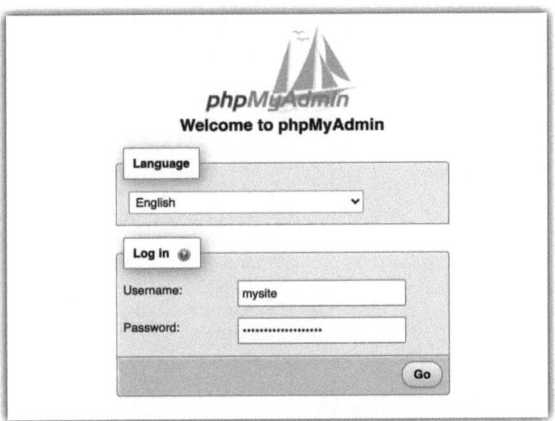

8. När du har öppnat phpMyAdmin kan du logga ut från din kontrollpanel.

När databasen är skapad kan du fortsätta med att installera WordPress. Navigera till webbplatsens domän och gå igenom alla installationssteg (1 till 11) som tillhandahålls av installationsguiden för WordPress.

Här är de viktigaste uppgifterna du behöver:

▸ FTP-information.

▸ MySQL-information.

▸ URL-adress till phpMyAdmin.

Ladda ner den senaste versionen av WordPress. **Ladda upp** det extraherade innehållet i mappen WordPress direkt till rotkatalogen på din server. Använd ett FTP-program för denna uppgift.

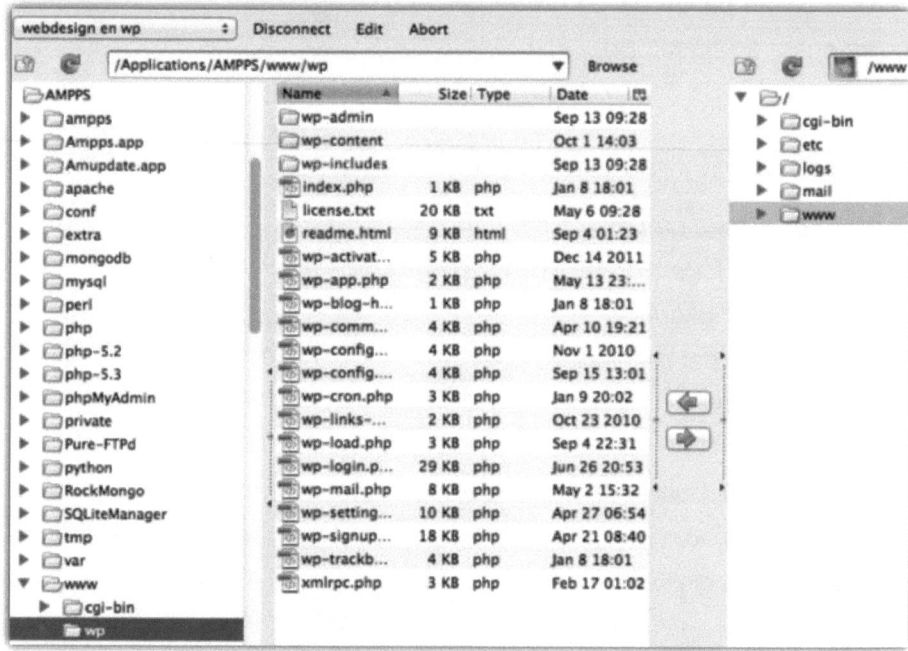

När WordPress-innehållet har laddats upp till ditt webbhotell kan du påbörja installationen av webbplatsen.

1. Öppna en webbläsare och navigera till:
   http://www.your_site.com/wp-admin.

2. Välj önskat språk för WordPress-panelen och klicka sedan på **Fortsätt**.

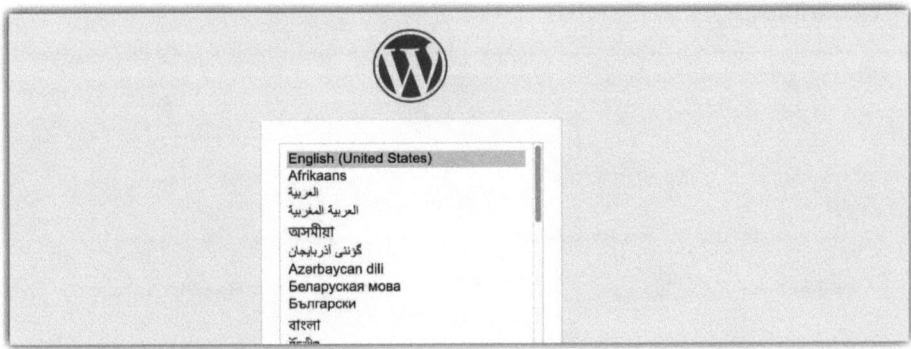

WordPress kommer att uppmana dig att ha viss information till hands för att kunna fortsätta med installationen. Denna information kommer att behövas i följande steg.

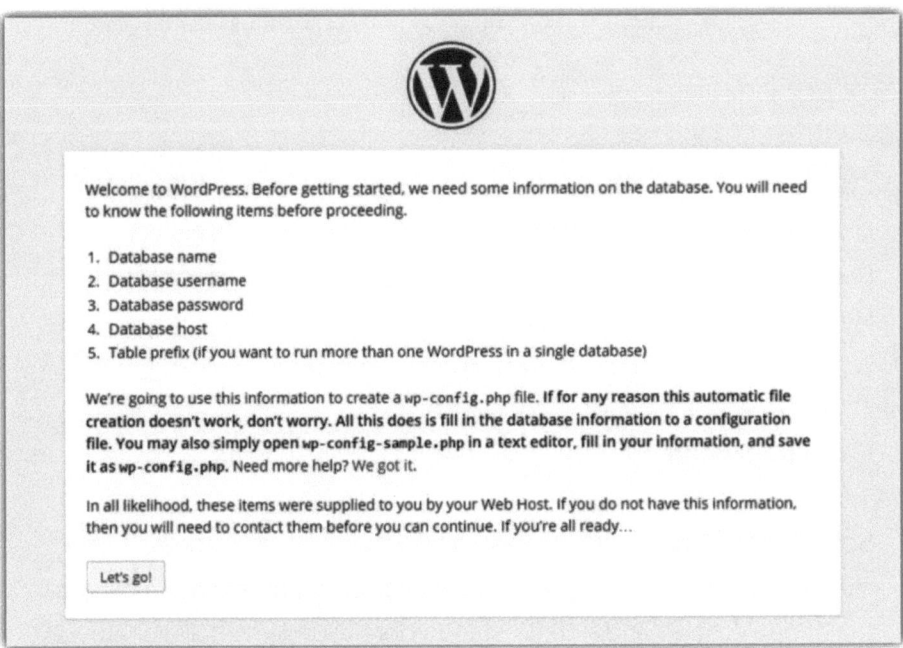

Klicka på **Let's go!**

3. Du kommer att stöta på fönstret nedan. Se till att använda data från ditt webbhotell:

Below you should enter your database connection details. If you are not sure about these, contact your host.

Database Name	dbName	The name of the database you want to use with WordPress.
Username	UserName	Your database username.
Password	pwd	Your database password.
Database Host	dbName.mysql.db	You should be able to get this info from your web host, if localhost does not work.
Table Prefix	wp_xxxxxxxxxxxxxxx	If you want to run multiple WordPress installations in a single database, change this.

Submit

Database name: Namn_databas (uppgifter om webbhotell)
Username: Username_database (data från webbhotell)
Password: Password_database (uppgifter om webbhotell)
Host name: Localhost
Tableprefix: T.ex. 123wp_ (notera med understrykning_)

Klicka **på Skicka**.

Som standard tilldelar WordPress prefixet **wp_** till sina tabeller. Detta standardprefix är dock allmänt känt av hackare. För att stärka säkerheten är det klokt att ändra detta standardprefix under installationen. Välj ett unikt prefix, t.ex. **123wp_** (kom ihåg att lägga till ett understreck efteråt).

4. Ett nytt fönster visas. Klicka på **Run the installation**.

> All right, sparky! You've made it through this part of the installation. WordPress can now communicate with your database. If you are ready, time now to...
>
> Run the installation

5. Ett nytt fönster kommer att visas. Fyll i den begärda informationen:

Site title:	Titel på din webbplats
Username:	Admin
Password:	Admin (du kan ändra detta senare)
Email address:	Din e-postadress
Search engine... :	Aktivera inte ännu

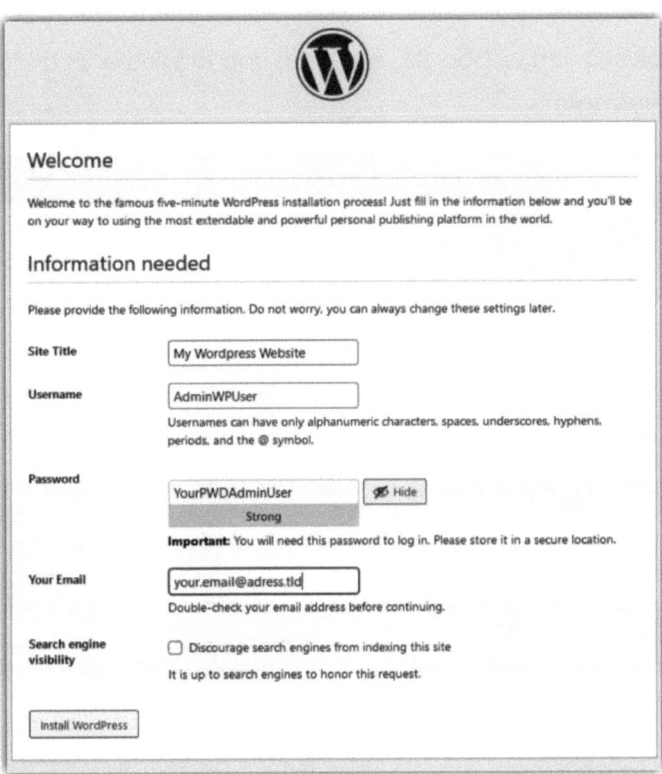

6. Klicka sedan på **Installera WordPress**.

7. Gratulerar till din installation! WordPress är nu installerat.
   Klicka på **Logga in** för att konfigurera och ställa in din webbplats.

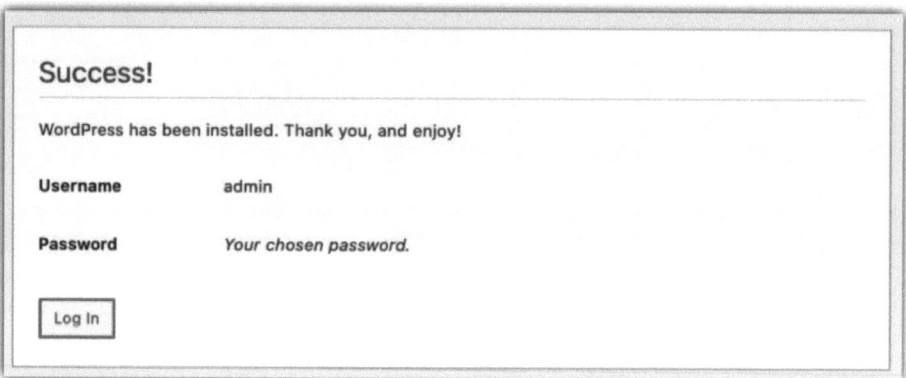

8. För att besöka din webbplats, gå längst upp till vänster och klicka på
   Besök webbplats.

9. För att logga ut klickar du på **Hej, admin** uppe i högra hörnet och väljer
   Logga ut.

För att komma åt phpMyAdmin använder du följande uppgifter som du får från ditt webbhotell:

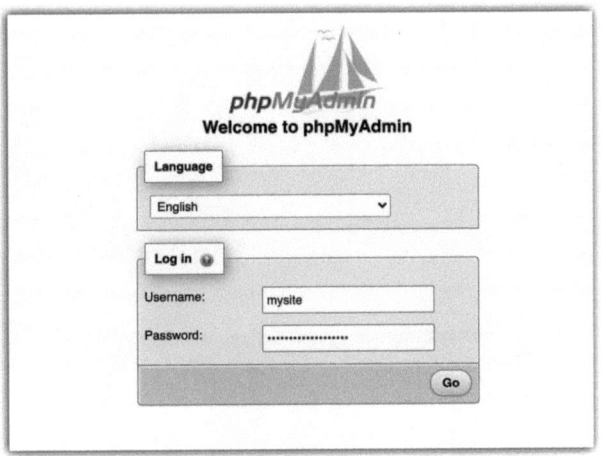

phpMyAdmin URL: http://phpMyAdmin.your_site.com

Username: your_phpMyAdmin_username

Password: your_ phpMyAdmin_password

GRUNDINSTÄLLNINGAR, INNE-HÅLL OCH ANPASSNING

Genom att lägga till innehåll och anpassa en WordPress-webbplats får du en tydlig förståelse för hur du kan interagera med detta system. I det här kapitlet går jag igenom följande komponenter:

- Visa webbplatsen.
- **Uppdatera** en WordPress-webbplats.
- Installera temat **Twenty Twenty-One**.
- Anpassa webbplatsens **titel** och **beskrivning**.
- Anpassa webbplatsens **språk**.
- Skapa innehåll för webbplatsen: **Inlägg** och **sidor**.
- Skapa en ny **hemsida**.
- Skapa en **meny**.
- Använda **mediebiblioteket**.
- Lägga till **bilder**.
- Anpassa och skapa en **kategori**.
- Lägga till **widgetar** på webbplatsen.
- Anpassa information i **sidfoten**.
- Lägga till **användare**.

Observera: I den här boken används **WordPress 6.9** och temat **Twenty Twenty-One**.

Efter en WordPress-installation visas standardtemat **Twenty Twenty-Five**. Med detta vill WordPress introducera en ny funktion som heter **Full Site Editing**, som gör det möjligt för användare att visuellt ändra ett **Block Theme**.

65

I WordPress har du möjlighet att använda **klassiska teman** och **blockteman**.

Eftersom det för närvarande finns fler klassiska teman (22 000+) än block-teman (1 000+), använder den här boken det klassiska temat Twenty Twenty-One för att ge en omfattande förståelse för plattformen.

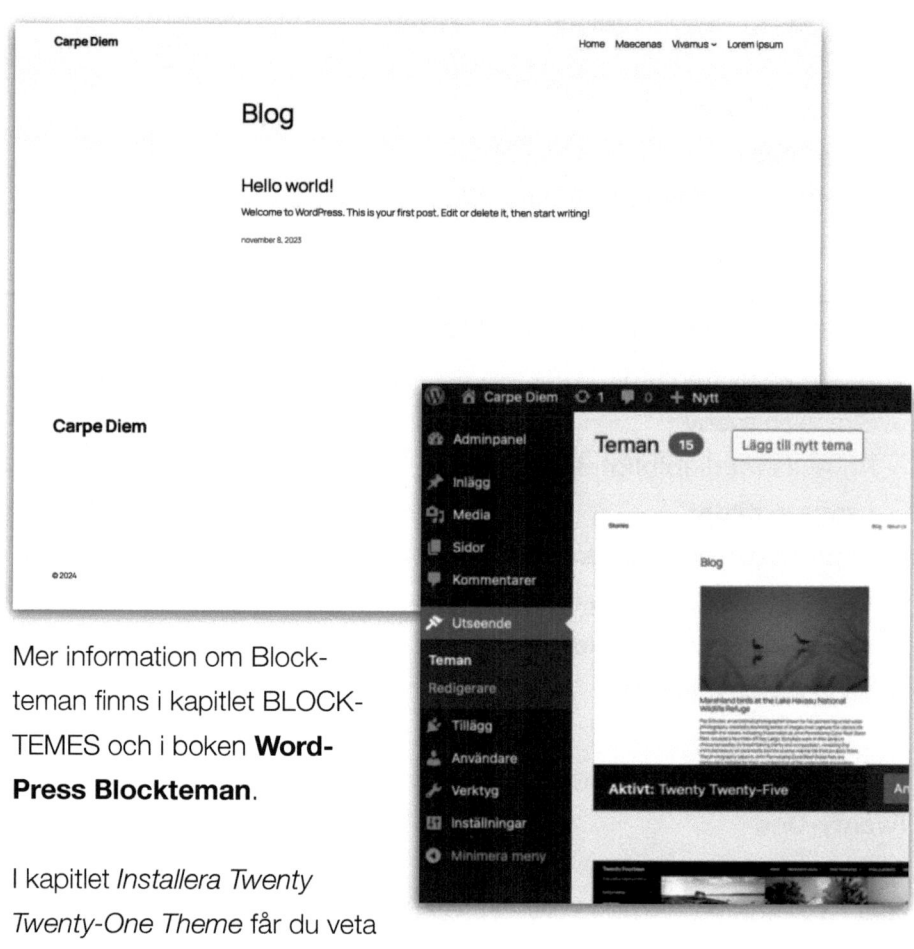

Mer information om Block-teman finns i kapitlet BLOCK-TEMES och i boken **Word-Press Blockteman**.

I kapitlet *Installera Twenty Twenty-One Theme* får du veta hur du byter ut blocktemat.

WordPress frontend

För att visa frontend på din WordPress-webbplats öppnar du en webbläsare och navigerar till webbplatsens URL. Om du har WordPress installerat lokalt på din dator kan du starta **LOCAL**- eller **MAMP**-servern och komma åt webbplatsen.

Om du använder **LOCAL** klickar du på **OPEN SITE** för webbplatsen med namnet **wp**.

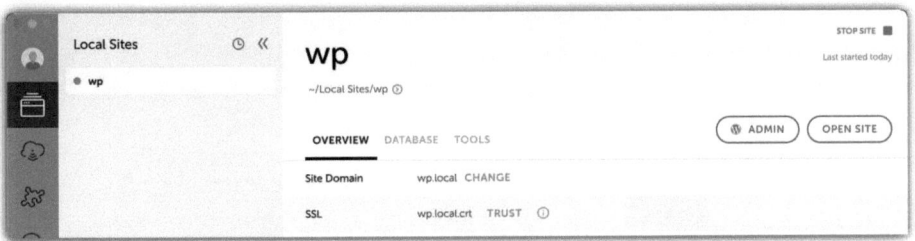

För **MAMP**, gå till startsidan och klicka på Min **My Website > wp**.

På den här skärmen ser du alla mappar som finns i **MAMP:s** rotkatalog katalogen. Leta upp och klicka på mappen med namnet **wp/** för att komma åt din WordPress-webbplats, som då öppnas i din webbläsare.

När du väl är inne på webbplatsen ser du först standardtemat **Twenty Twenty-Five**. När du har aktiverat temat **Twenty Twenty-One** kommer du att se följande element:

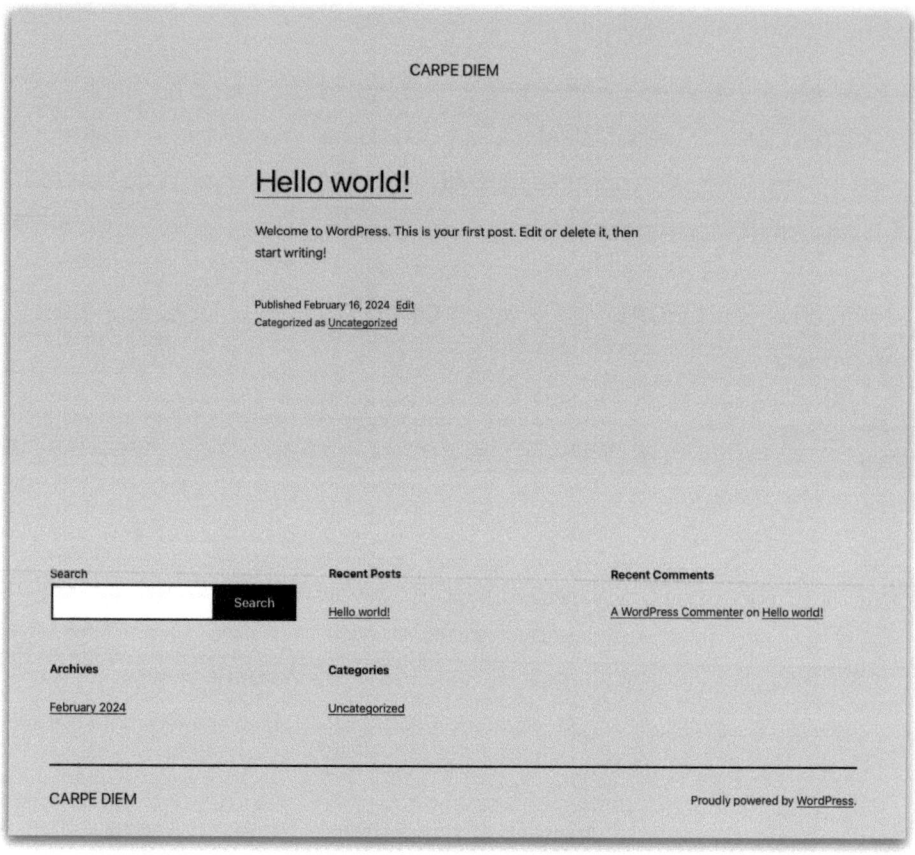

▸ Webbplatsens titel och beskrivning (högst upp).

▸ Navigering (längst upp till höger, om den är aktiverad).

▸ Standardblogginlägg med titeln "Hello World!".

▸ Widgets som en sökruta, senaste inlägg.

▸ Sidfotssektion längst ned.

Förekomsten av widgetar på din webbplats kan variera beroende på inställningarna hos ditt webbhotell. Widgetar är anpassningsbara webbplatselement som sökrutor eller arkiv, som kan läggas till eller tas bort efter behov.

Temat Twenty Twenty-One är utformat för att vara responsivt, vilket innebär att det anpassar sig sömlöst till olika skärmstorlekar, vilket gör det lämpligt för visning på datorer, surfplattor och smartphones.

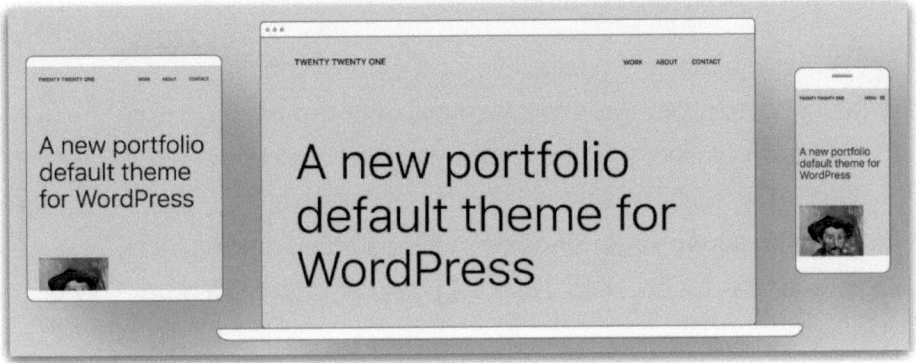

Denna responsiva designfunktion säkerställer en konsekvent användarupplevelse på olika enheter.

Även om WordPress ofta förknippas med bloggning kan det också skapa och hantera informativa sidor, vilket är ett vanligt användningsområde för många webbplatser. Som webbdesigner kommer du ofta att få i uppdrag att skapa informativa WordPress-webbplatser, där bloggfunktionerna kommer i andra hand.

I nästa kapitel lär du dig hur du anpassar, förbättrar eller inaktiverar specifika komponenter inom WordPress. Dessutom får du lära dig hur du skapar inlägg, sidor och menyer för att ytterligare anpassa din webbplats.

WordPress backend

I det här kapitlet går vi igenom backend i WordPress. För att komma åt den öppnar du en webbläsare och använder någon av följande adresser:

För LOCAL installation: http://wp.local/wp-login.php
För MAMP installation: http://localhost:8888/wp/wp-login.php
För installation online: http://www.your_website.com/wp-login.php

Om du använder **wp-login.php** kommer du alltid att omdirigeras till inloggningssidan för backend. Kom ihåg den här länken om du inte har en direkt inloggningslänk.

När du loggar in kommer du att stöta på följande:

Använd inloggningsuppgifter:

- Username = e.g. **admin**
- Password = e.g. **admin**
- Klicka på **inloggning**

Välkommen till WordPress!

Du har nu kommit till systemets backend, där du hittar en startsida med allmän information. Den här sidan kallas för **Adminpanel**. Här kan du hålla dig informerad om den senaste utvecklingen som rör din webbplats.

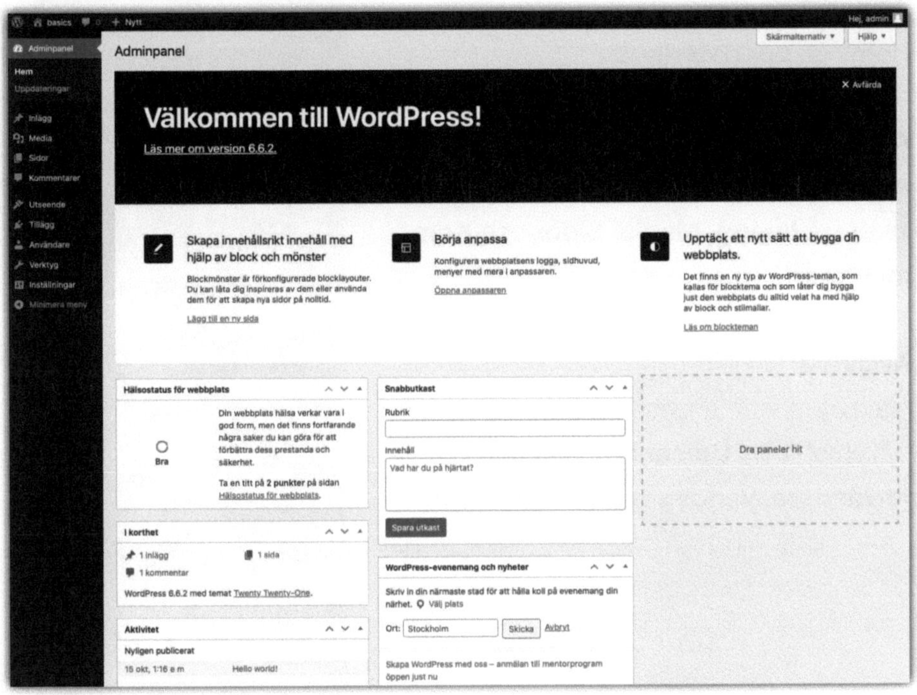

I den vänstra kolumnen hittar du olika alternativ som gör det möjligt för dig att anpassa systemet och lägga till viktigt innehåll på din webbplats.

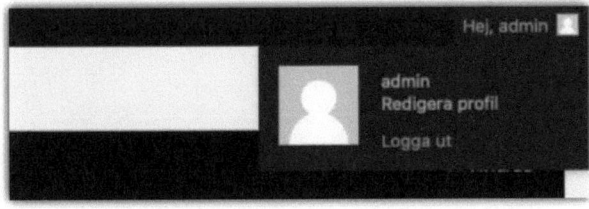

Logga ut genom att gå till det övre högra hörnet. Klicka på **Hej, admin** och välj **Logga ut**.

Adminpanel

Menyn i WordPress kallas för **Adminpanel**.
Den är indelad i tre huvudavsnitt:

Avsnitt 1:
Hem och **uppdateringar**.

Avsnitt 2:
Alternativ för att lägga till innehåll i systemet,
inklusive: **Inlägg**, **Media**, **Sidor** och **Kommentarer**.

Avsnitt 3:
Alternativ för att anpassa eller konfigurera
systemet, t.ex: **Utseende**, **Tillägg**,
Användare, **Verktyg** och **Inställningar**.

WordPress uppdateringar

När du har installerat WordPress är det viktigt att hålla systemet uppdaterat för att förbättra säkerheten och stabiliteten. Detta innebär inte bara uppdatering av **WordPress-kärnan** utan även av **tillägg** (plugins) och **teman**.

I menyn **Adminpanel** ser du en siffra bredvid ordet Updates, som visar vilka **uppdateringar** som finns tillgängliga. På samma sätt anger siffran bredvid **Tillägg** antalet plugin-uppdateringar som finns tillgängliga.

För att söka efter uppdateringar klickar du på **Uppdateringar**. Du kommer till en skärm där du kan granska tillgängliga uppdateringar.

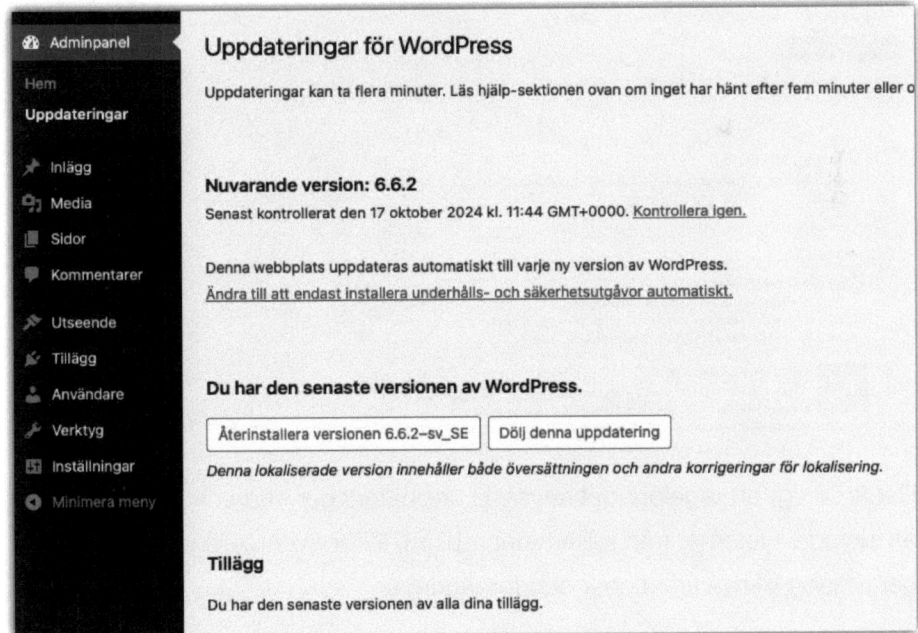

Om en ny version av WordPress finns tillgänglig klickar du på knappen **Uppdatera WordPress**. Observera att WordPress från och med version 3.7 kan uppdatera sig själv automatiskt.

Om det finns uppdateringar tillgängliga för plugins eller teman kan du välja vilka du vill uppdatera och sedan klicka på knappen **Uppdatera Tillägg** eller **Uppdatera Teman**.

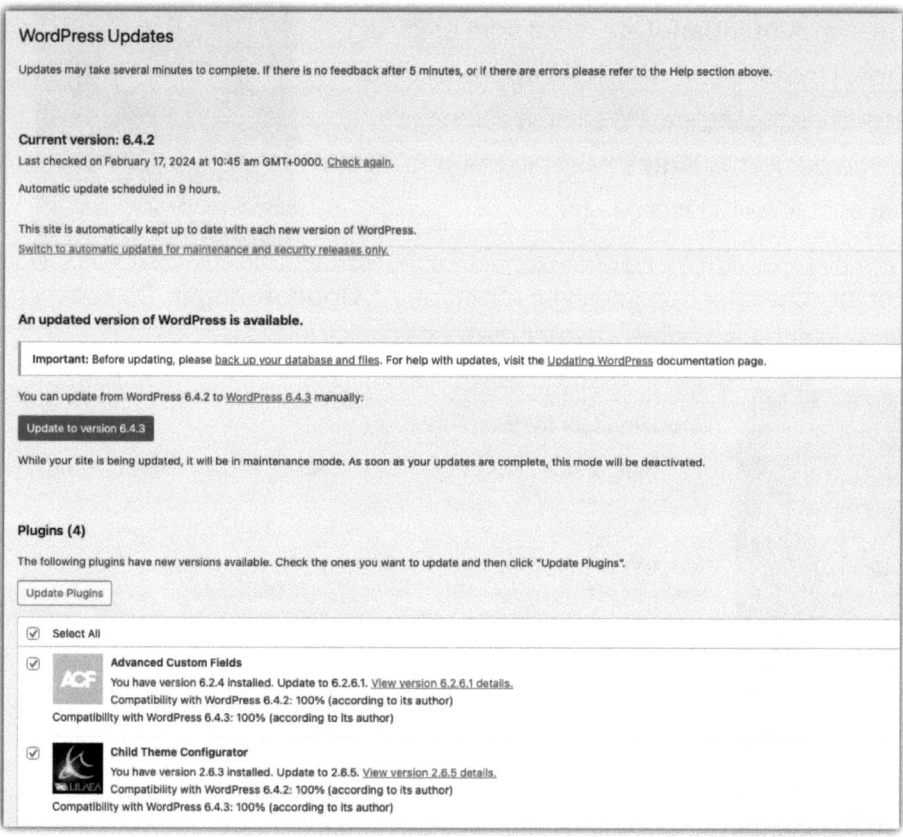

Det är viktigt att regelbundet använda uppdateringar eftersom det hjälper till att skydda systemet från säkerhetsproblem, löser eventuella problem och ger tillgång till nya funktioner och förbättringar.

Installera Tema Twenty Twenty-One

Gå till **Adminpanel > Utseende > Teman**.

Klicka på knappen **Lägg till nytt tema**.

Skriv **Twenty Twenty one** i sökfältet.

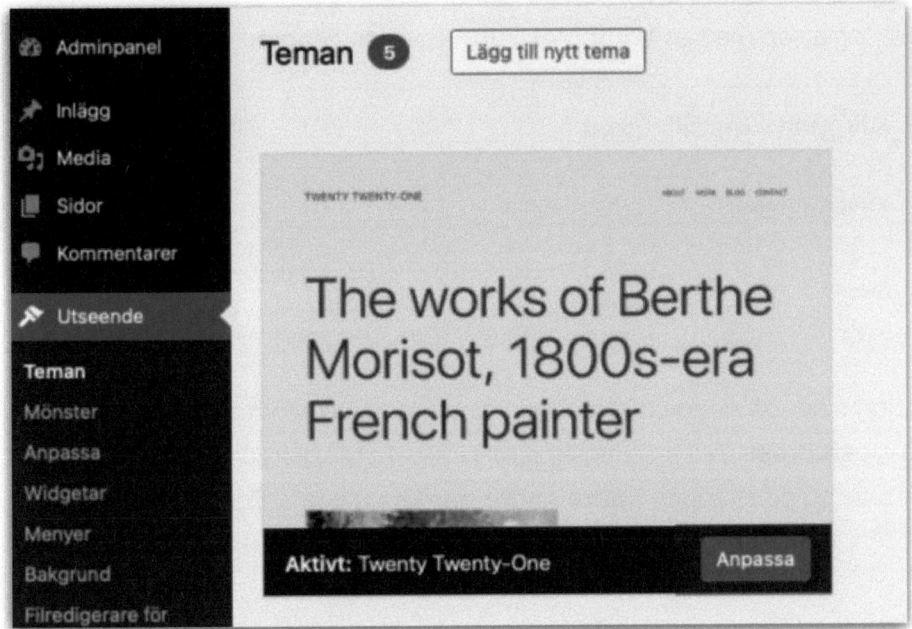

När temat visas i sökresultaten klickar du på knappen **Installera**.

När installationen är klar klickar du på knappen **Aktivera**.

Nu har du installerat och aktiverat det klassiska temat *Twenty Twenty-One*.

Om du vill lära dig mer om hur du arbetar med ett blocktema kan du läsa kapitlet *Blocktema*.

Webbplatsens titel och undertitel

Navigera till:

Adminpanel > Inställningar > Allmänt.

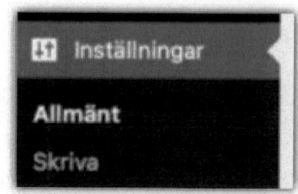

På skärmen **Allmänna inställningar** kan du förse
webbplatsen med en **Webbplatsrubrik** och en **Slogan** (subtitle).

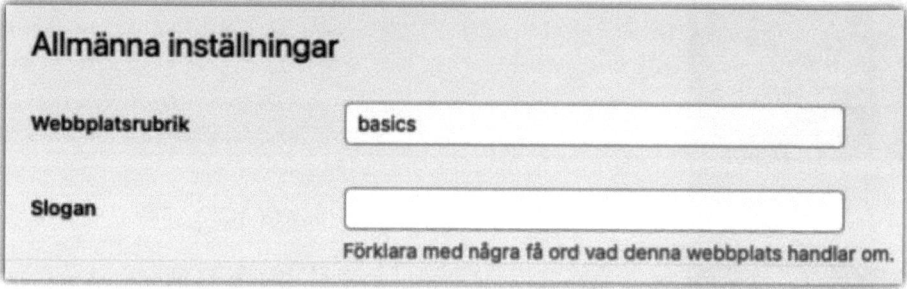

Längre ner på skärmen kan du redigera ytterligare information, inklusive en
e-postadress för hanteringsändamål. När du har gjort önskade ändringar
klickar du på knappen **Spara ändringar** för att spara dina inställningar.

Webbplatsspråk

Så här ändrar du webbplatsens språk:

Gå till **Adminpanel > Inställningar > Allmänt - Webbplatsspråk.**

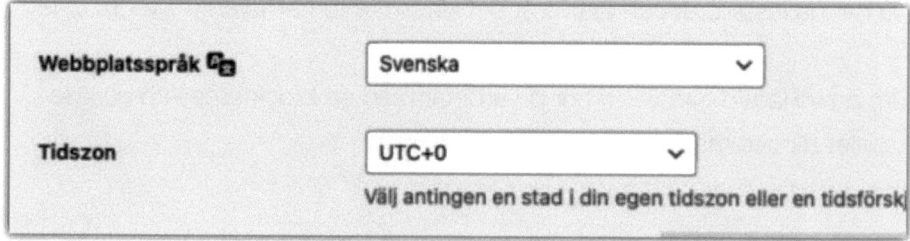

Välj önskat språk och klicka sedan på knappen **Spara ändringar**.

Permalänkar

Permalänkar i WordPress bestämmer strukturen för din webbplats web-badresser, som visas i webbläsarens adressfält. Som standard använder WordPress permalänksinställningen "Enkel".

Så här kontrollerar eller ändrar du dina permalänksinställningar
Gå till **Adminpanel > Inställningar > Permalänkar**.

Som standard kan strukturen **Enkel** Permalink vara aktiverad, vilket resul-terar i URL:er för nya sidor eller inlägg med tillägg som **/?p=123** i adressen.

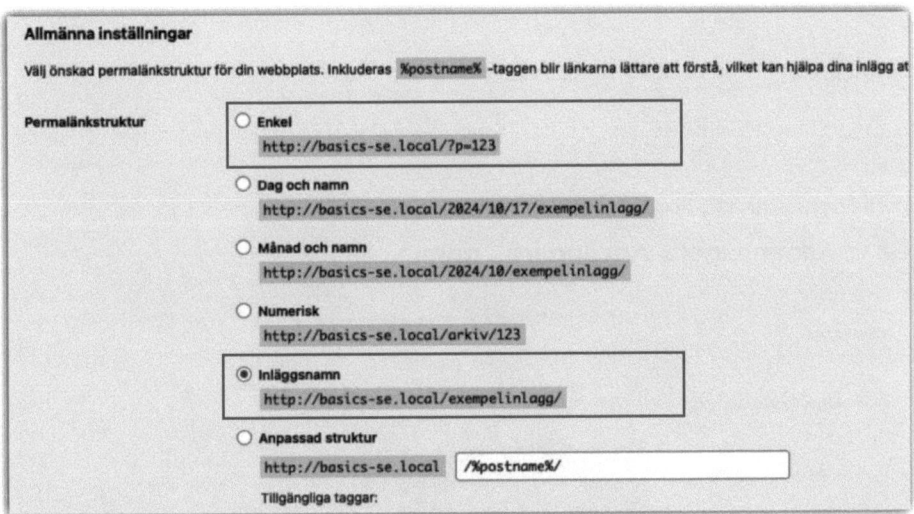

Det är lämpligt att inkludera inläggets **titel** i webbadressen för tydlighetens skull för både användare och sökmotorer. Om du vill inkludera inläggets el-ler sidans titel i URL:en väljer du **Inläggsnamn** som permalänkinställning.

Kom ihåg att **spara** dina **ändringar** när du har valt önskad permalänk-struktur.

Screen name

När du har installerat en WordPress-webbplats används **användarnamnet** också som **Display Name**, som visas offentligt på webbplatsen. Detta kan vara synligt både i **Adminpanel** och i **publicerade inlägg**, vilket avslöjar hälften av inloggningsinformationen.

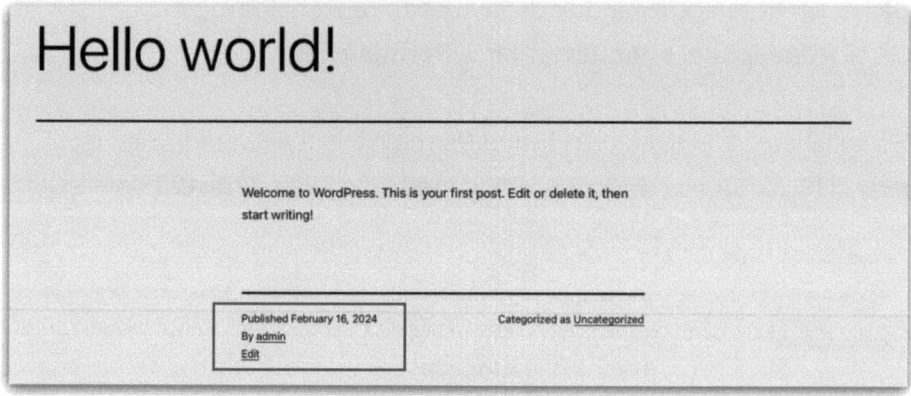

Lyckligtvis kan du ändra detta enkelt.

Gå till **Adminpanel > Användare - admin**.

Efternamn	
Smeknamn (obligatoriskt)	Administrator
Visa namn offentligt som	✓ admin / Administrator

Ersätt **Smeknamn** admin med ditt önskade visningsnamn.

Vid **Visa namn offentligt som**, select - ditt önskade visningsnamn.

Observera att **Användarnamnet** förblir oförändrat.

Klicka på knappen **Uppdatera profil** för att spara dina ändringar.

Visa webbplats

För att se resultatet av din webbplats, navigera till menyfältet längst upp till vänster på skärmen:

Webbplatsrubrik (basics) > Besök webbplats.

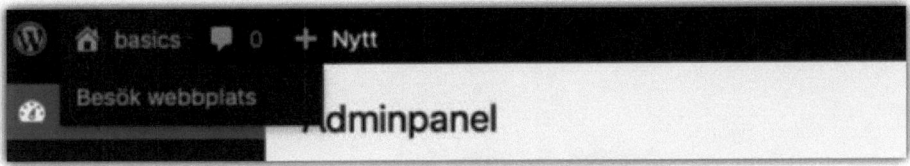

För att återgå till Adminpanel använder du återigen menyfältet längst upp till vänster på skärmen: **Webbplatsrubrik (basics) > Adminpanel.**

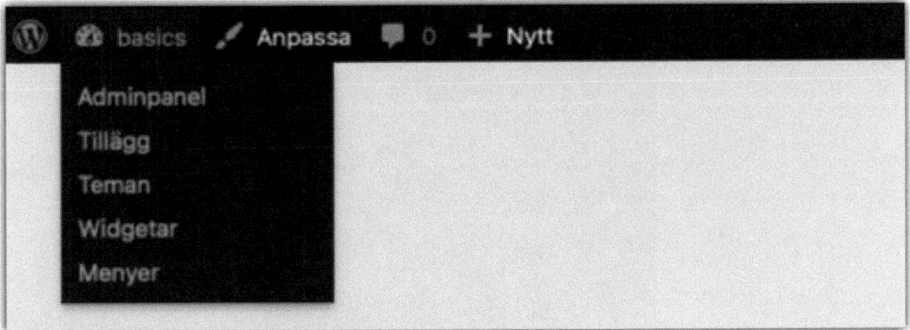

INLÄGG OCH SIDOR

I WordPress kan du skapa både **inlägg** och **sidor**, som alla har olika syften. Här är skillnaden.

Inlägg är som nyheter eller artiklar som besökare kan interagera med genom att lämna kommentarer. De visas i kronologisk ordning, med det senaste inlägget högst upp. Det kan kategoriseras för att organisera innehållet effektivt.

Som standard visar startsidan på en WordPress-webbplats en serie blogginlägg. Inläggen kan arkiveras per månad eller kategori, vilket gör det lättare för besökare att hitta specifikt innehåll.

Sidor innehåller statisk, tidlös information, t.ex. Om oss-, Kontakt- eller Tjänstesidor. Till skillnad från inlägg lagras de inte kronologiskt och har vanligtvis inga kommentarsfält. Även om besökare kan interagera med sidor genom kommentarsfält om detta är aktiverat, används denna funktion inte ofta för sidor. Sidor kan inte kategoriseras på samma sätt som inlägg och nås vanligtvis via en länk eller meny.

CARPE DIEM

Sample Page

This is an example page. It's different from a blog post because it will stay in one place and will show up in your site navigation (in most themes). Most people start with an About page that introduces them to potential site visitors. It might say something like this:

Lägg till inlägg

1. Gå till **Adminpanel > Inlägg > Lägg till nytt inlägg**.

2. Ge inlägget en **titel** och en **text**. Använd alternativmenyn (tre prickar) för att hantera block, t.ex. radera dem.

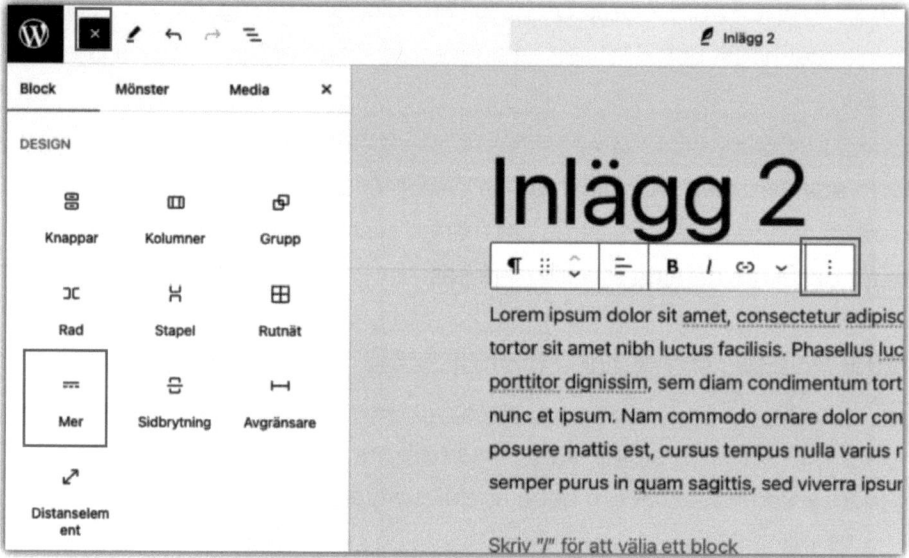

3. Klicka på ikonen **+** längst upp till vänster och välj **Design > Mer**. Ett **LÄS MER**-block visas.

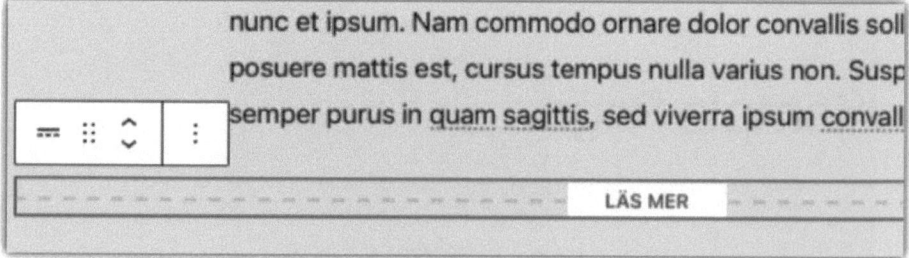

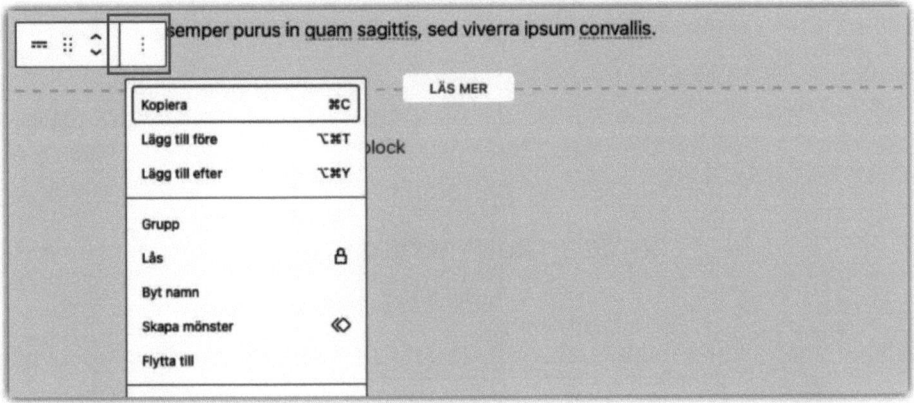

4. Ui alternativmenyn väljer du **Alternativ > Lägg till efter** eller ➕ iko-
   nen för att lägga till ett **styckeblock**.

5. Klicka sedan på knappen **Publicera**.

6. Klicka på WordPress-ikonen (**W**) och besök webbplats.

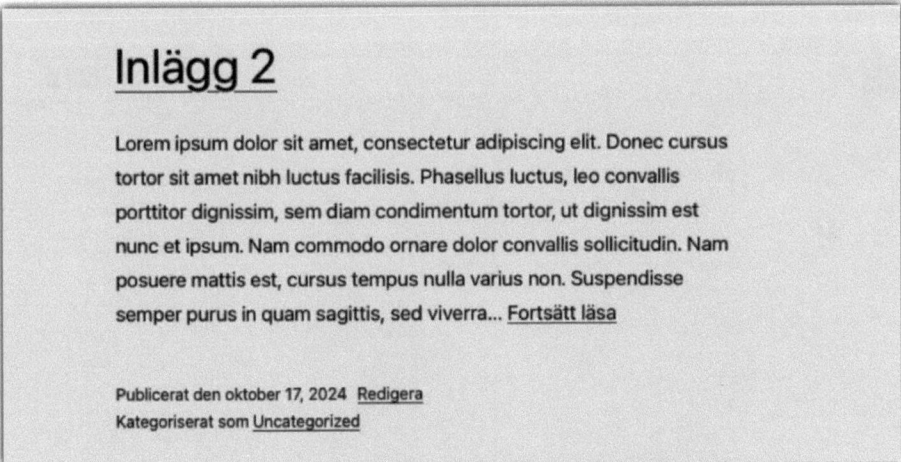

Som du kan se finns det senaste inlägget högst upp på startsidan. Det
senaste inlägget i det här fallet visar första stycket.

Klicka på **Fortsätt läsa**.

Du kommer nu att se hela inlägget med ett kommentarsformulär nedan.

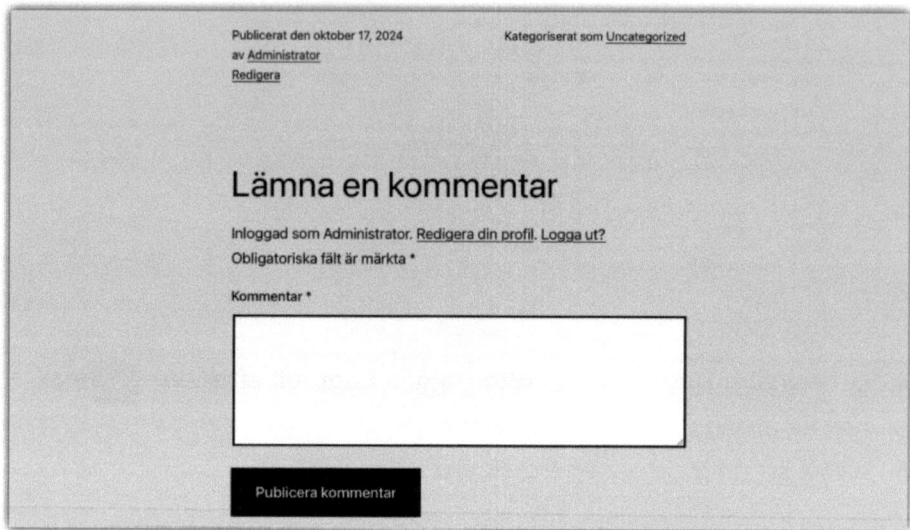

Innan du **publicerar** ett inlägg finns det andra alternativ som du kan använda.

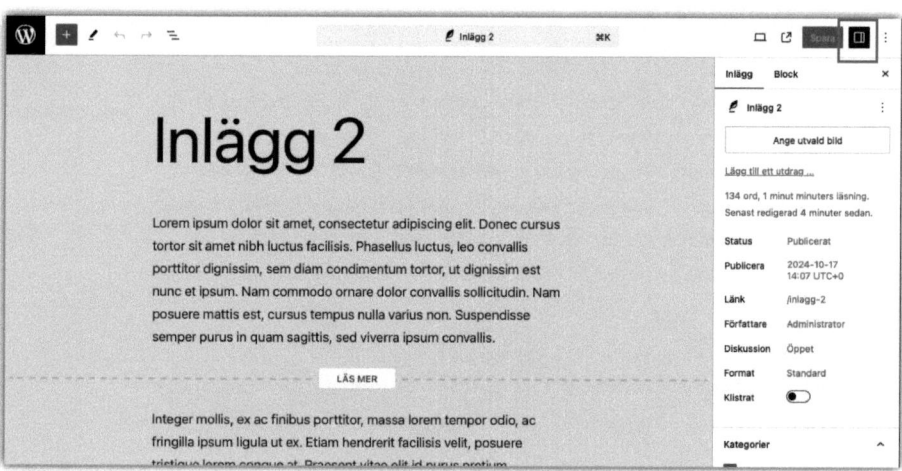

På fliken Post (längst upp till höger) visas olika alternativ. Om du väljer ett stycke blir Block-alternativen synliga. På nästa sida visas en översikt över alla Post-inställningar.

Ange utvald bild

Inkludera en bild som representerar inläggets innehåll.

Lägg till ett utdrag

Ge en kort sammanfattning av inläggets innehåll.

Status

Välj status och synlighet för inlägget.

Publicera

Justera datum för publicering

Länk

Anpassa den sista delen av URL:en.

Författare

Välj författare.

Discussion

Aktivera eller inaktivera kommentarer och trackbacks för inlägget.

Format

Välj hur inlägget ska visas, beroende på tema.

Klistrat

Visa inlägget på en framträdande plats högst upp på hem- eller bloggsidan.

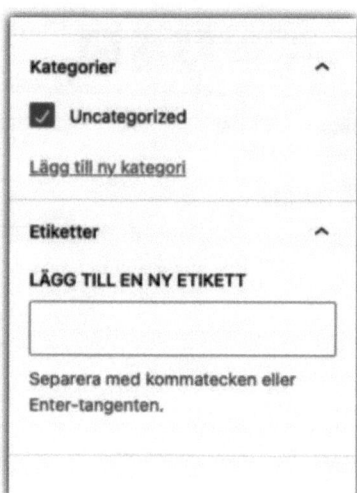

Kategorier

Organisera inlägg i kategorier för enklare navigering.

Etiketter

Lägg till nyckelord för att hjälpa användare och sökmotorer att hitta inlägget.

För mer avancerade alternativ och för att inaktivera svarsformuläret för alla nya inlägg, se kapitlet *Inaktivera svarsformulär*.

BLOCK EDITOR

WordPress version 5.0 från november 2018 har en ny innehållsredigerare som heter Gutenberg. Som vi visade i kapitlet *Lägg till inlägg* kan du direkt infoga en titel och text i ett inlägg med hjälp av den här redigeraren.

Om du vill redigera ett block i Gutenberg väljer du först det block du vill ändra, t.ex. ett stycke. Då aktiveras fliken **Block** i den högra kolumnen. Här kan du justera blockets egenskaper med hjälp av de tillgängliga **blockalternativen**, som varierar beroende på blocktyp.

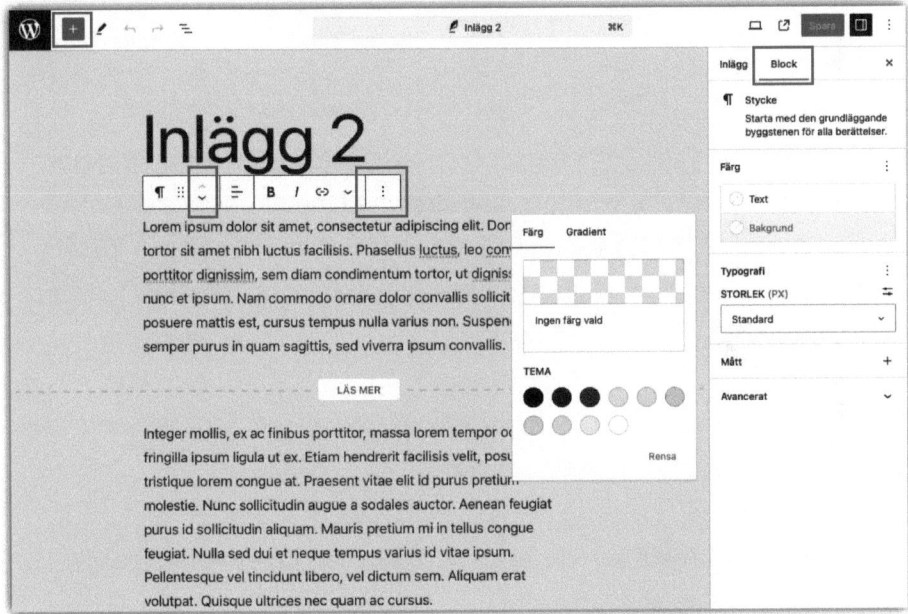

Dessutom kan du utföra olika åtgärder på ett block, t.ex. radera det, genom att klicka på **menyn Alternativ** som representeras av **tre prickar**. Du kan också justera ordningen på blocken med hjälp av **pilikonerna**.

Genom att klicka på ➕ ikonen kan du lägga till **Blocks**, **Mönster** och **Media**.

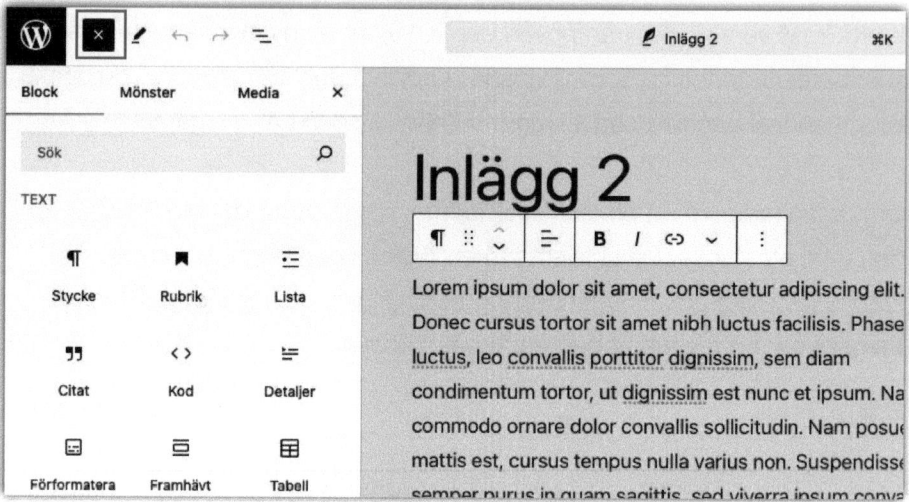

Blockelement är olika komponenter som **text**, **bilder**, **läs mer**, **knappar**, **videor**, **musikspelare**, **widgets**, **tabeller** med mera. Dessa element kategoriseras under TEXT, MEDIA, DESIGN, WIDGETAR, TEMA och INBÄDDNINGAR. Du kan utforska fler blockelement genom att rulla ner i fönstret Blocks eller genom att använda plugins för att lägga till fler alternativ.

Mönster är ett snabbt sätt att formatera en sida genom att kombinera flera blockelement till fördefinierade layouter.

Med alternativet **Media** kan du lägga till media från **Openverse** (besök *openverse.org* för mer information).

Blockbaserad redigering ger användarna större flexibilitet när det gäller att formatera en sida jämfört med den klassiska redigeraren. I kapitlet *Bildplacering* lär du dig hur du anpassar bilder till text med hjälp av blockbaserad redigering.

Lägg till sidor

1. Gå till **Adminpanel > Sidor > Lägg till ny sida**.
2. Ange en **titel** och lägg till **text** på sidan.

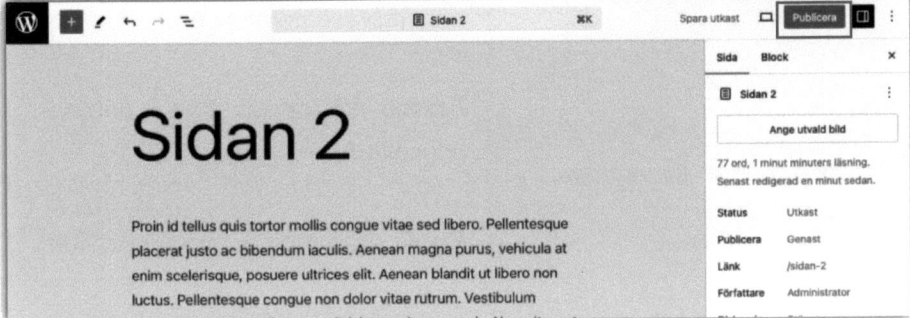

3. När du är klar klickar du två gånger på knappen **Publicera**. När du har publicerat sidan kan du visa den genom att klicka på knappen **Visa sida**.

Om du behöver göra ytterligare ändringar kan du klicka på knappen **Redigera sida** för att komma tillbaka.

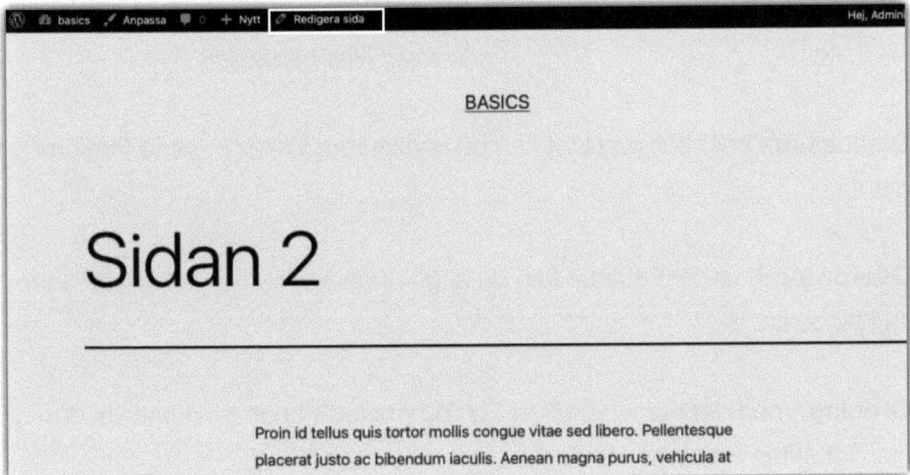

Klicka på fliken **Sida**. I likhet med inlägg hittar du alternativ som är specifika för sidor som du kan använda.

Ange utvald bild, inkludera en bild som representerar sidan.

Status, här kan du ställa in publiceringsalternativ.

Publicera, ange publiceringsdatum.

Länk, titeln inkluderas automatiskt i den sista delen av URL:en.

Författare, Välj författare.

Mall, är synlig beroende på vilket tema du har. Det gör att du kan välja en specifik layout för sidan (t.ex. *med sidofält* eller *hemsida*).

Discussion, i det här avsnittet kan du konfigurera inställningarna för kommentarer.

Överordnad, under Förälder kan du ange under vilket menyalternativ sidan ska placeras.

Ordning, med det här alternativet kan du manuellt ange en numerisk ordning för sidan i menyn.

Skapa en länk

Öppna den sida eller det inlägg där du vill skapa länken. Markera den text som du vill göra om till en länk. Klicka på **länksymbolen** i det övre verktygsfältet. I fältet Länk anger du URL:en och klickar på **Enter**.

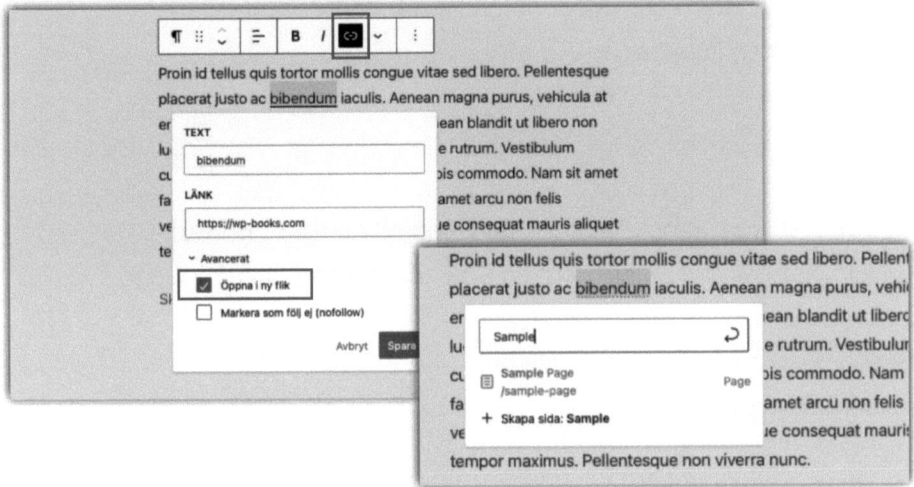

Alternativt, om du vill länka till en intern sida eller ett inlägg, börja skriva in titeln på sidan/inlägget, så visar WordPress en lista med matchande dokument. Välj önskad sida eller inlägg från listan.

Om du vill att länken ska öppnas i en ny flik ska du se till att alternativet **Öppna i ny flik** är aktiverat. Du kan redigera länken genom att markera den och sedan växla mellan alternativen.

Slutligen **sparar** eller **uppdaterar** du sidan eller inlägget för att tillämpa ändringarna.

Uppdrag

För att få en uppfattning om hur en WordPress-webbplats fungerar är det bra att skapa några **Sidor** och **Inlägg** i förväg.

Börja med att skapa flera sidor med titlarna:
- Välkommen (förstasidan).
- Vem.
- Vad.
- Var.
- Kontakt (som senare ska utrustas med ett kontaktformulär).
- Nyheter (för att fungera som en sida som sammanfattar inlägg).

Skapa dessutom inlägg med titlarna:
- Senaste nytt.
- Väder.

I nästa kapitel *Anpassa startsidan* ska jag visa hur du ändrar startsidan.

På samma sätt, i kapitlet *Anpassa inläggssidan*, kommer jag att illustrera hur man visar upp inlägg på en särskild sida med titeln Nyheter.

Slutligen, i kapitlet *Meny*, guidar jag dig genom att navigera på din webbplats med hjälp av en meny.

Anpassa startsidan

Efter en standardinstallation av WordPress visar startsidan en översikt över dina senaste inlägg.

Om du föredrar att börja med en specifik sida i stället för inlägg kan du anpassa detta genom att navigera till:
Adminpanel > Inställningar > Läsa.

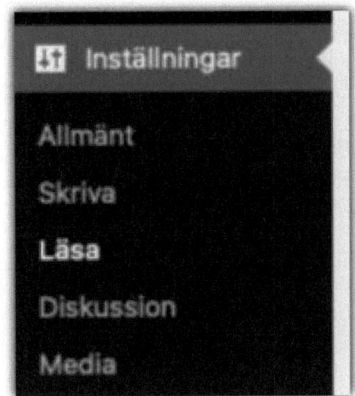

Under **Din startsida visar** väljer du **En startsida** istället för **Dina senaste inlägg**.

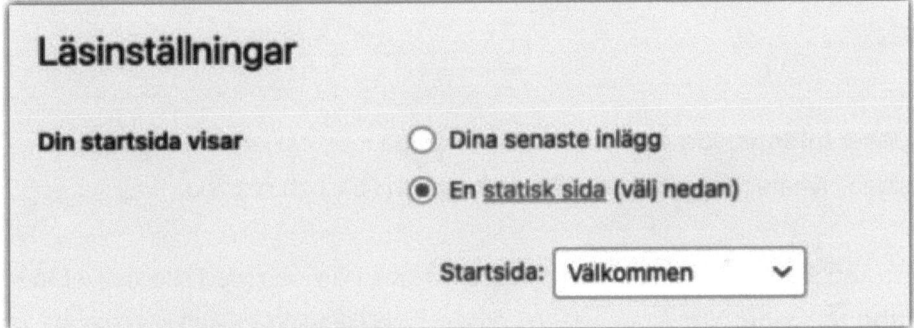

Välj till exempel **En statisk sida**.
Välj **Välkommen** som startsida.

Klicka på **Spara ändringar** och visa sedan webbplatsen för att se uppdateringarna.

Anpassa sidan Inlägg

Om du vill använda de senaste inläggen, men inte som startsida, kan du göra det genom att konfigurera **Inläggsida**.

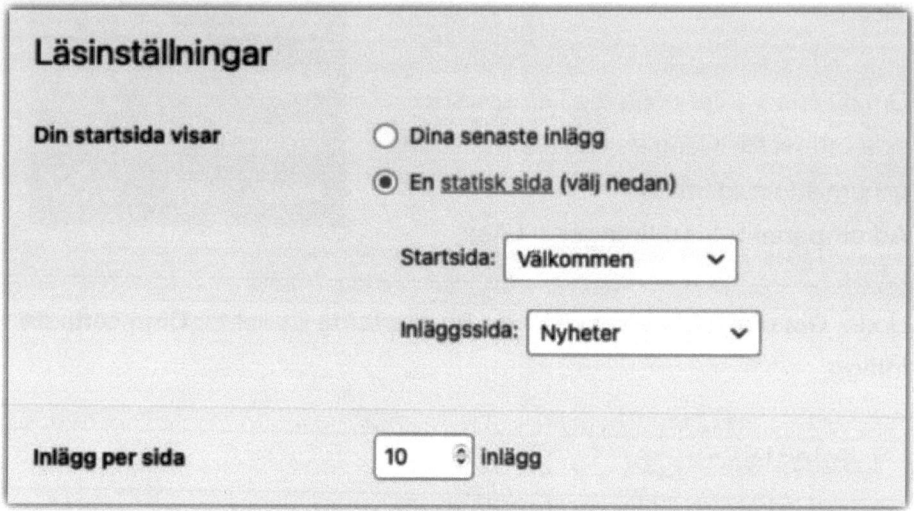

Under **Inläggssida** väljer du en befintlig sida t.ex. *Nyheter*. När du öppnar sidan Nyheter visas alla de senaste inläggen i tur och ordning.

Du kan ange hur många inlägg som ska visas på sidan med alternativet **Inlägg per sida**. Ytterligare inlägg arkiveras och användare kan komma åt dem med hjälp av en **arkivwidget**.

När du har gjort dina val klickar du på **Spara ändringar** och visar sedan webbplatsen för att se uppdateringarna.

Innan du implementerar detta är det lämpligt att skapa en sida med en lämplig titel, till exempel *Nyheter* eller *Blogg*. Den här sidan kräver ingen text. Se också till att sidan Nyheter finns med i menystrukturen, vilket förklaras i kapitlet *Meny*.

Sticky inlägg

Om du markerar ett inlägg som sticky ser du till att det ligger kvar högst upp på sidan Post. Om ditt tema stöder den här funktionen kan det klistrade inlägget också visas på ett framträdande sätt på startsidan (se kapitlet *Anpassa tema* för mer information).

1. Navigera till **Adminpanel > Inlägg**. Håll muspekaren över önskat inlägg, till exempel **Hello world!** Ytterligare alternativ kommer att visas.

2. Klicka på **Snabbredigera**. Detta kommer att avslöja sidalternativ.

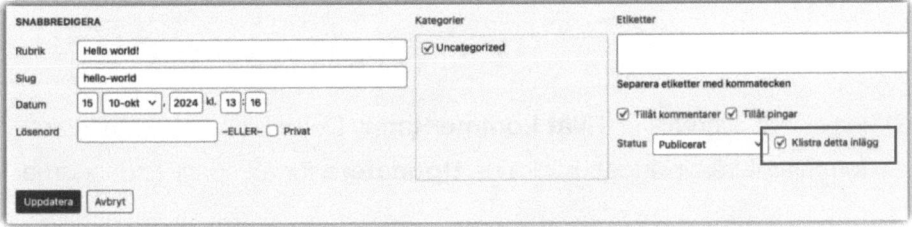

3. I menyn **SNABBREDIGERA** har du möjlighet att justera vissa inläggsegenskaper utan att öppna hela inläggsredigeraren.

4. Välj alternativet **Klistra detta inlägg**.

5. Klicka på **Uppdatera** och visa sedan webbplatsen för att se ändringarna.

Stäng av Tillåt kommentarer

För en informationswebbplats kanske du inte vill att läsarna ska kommentera inlägg. I sådana fall kan du inaktivera kommentarsformuläret.

1. Gå till **Adminpanel > Inlägg**. Håll muspekaren över önskat inlägg (t.ex. Hello World!). Ytterligare alternativ kommer att visas.

> ☐ **Hello world!**
>
> Redigera | Snabbredigera | Lägg i papperskorgen | Visa

2. Klicka på **Snabbredigera**. Du kommer att se olika alternativ.

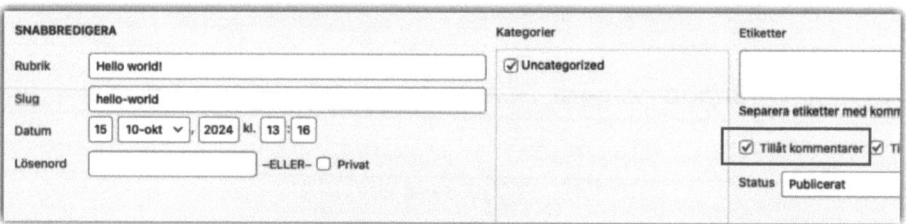

3. Inaktivera alternativet **Tillåt kommentarer**. Detta tar bort kommentarsformuläret från inlägget. Klicka på **Uppdatera** för att spara ändringarna.

Om du vill inaktivera kommentarer för alla nya inlägg:

Gå till **Adminpanel > Inställningar > Diskussion**.

> ### Inställningar för diskussioner
>
> **Standardinställningar för inlägg**
>
> ☐ Försök meddela alla bloggar som är länkade från inlägget
>
> ☐ Tillåt länkaviseringar från andra bloggar (pingbacks och trackbacks) på nya inlägg
>
> ☐ Låt besökare lämna kommentarer på nya inlägg
>
> Enskilda inlägg kan åsidosätta dessa inställningar. Ändringar här kommer enbart att tillämpas för

Under **Standardinställningar för inlägg** avmarkerar du alla alternativ som rör kommentarer. Spara ändringarna. Detta hjälper till att förhindra skräppost.

Skydda sidor med ett lösenord

Även om större delen av webbplatsen är tillgänglig för allmänheten kanske du vill begränsa åtkomsten till vissa delar. Sidor eller inlägg kan skyddas med lösenord.

Gå till **Adminpanel > Sidor**. Håll muspekaren över titeln på den sida som du vill skydda och klicka på **Snabbredigera**.

☐ **Sample Page**
Redigera | Snabbredigera | Lägg i papperskorgen | Visa

Ange ett lösenord i fältet **Lösenord** för att skydda sidan.

SNABBREDIGERA

Rubrik	Sample Page
Slug	sample-page

Datum [15] [10-okt ∨], [2024] kl. [13] : [16]

Lösenord [Lorem ipsum] –ELLER– ☐ Privat

[Uppdatera] [Avbryt]

Alternativt kan du ställa in sidan till **Privat**, så att endast registrerade användare kan se den efter att ha loggat in (se kapitlet Användare). I det här fallet krävs inget lösenord.

Klicka på knappen **Uppdatera** för att spara ändringarna.

MEDIABIBLIOTEK

Du kommer åt Mediabibliotek via avsnittet Media i WordPress adminpanel. Härifrån kan du ladda upp och organisera dina mediefiler. När de har laddats upp kan du enkelt infoga mediefiler i ditt tema, dina inlägg, sidor eller widgetområden efter behov.

Vi ska lägga till en fil i biblioteket:

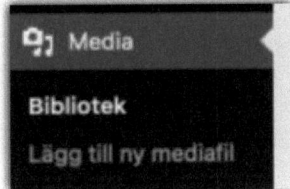

1. Gå till **Adminpanel > Media > Lägg till ny mediefil.**

2. Dra och släpp en fil i det här fönstret eller klicka på **Välj filer.**

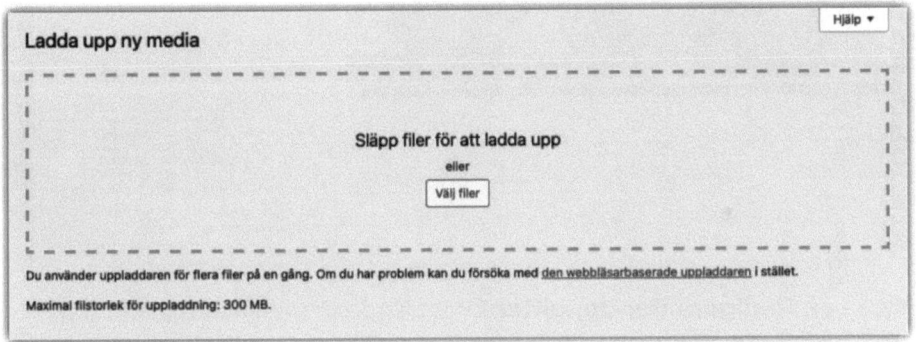

3. När filen har laddats upp visas ytterligare information.

4. Du kan hantera dina mediefiler genom att gå till **Adminpanel > Media > Bibliotek**. I det här fönstret kan du visa och organisera alla mediefiler.

5. När du klickar på en bild visas fem alternativ: **Redigera bild**, **Visa mediefil**, **Redigera fler uppgifter**, **Ladda ner fil** och **Ta bort permanent**.

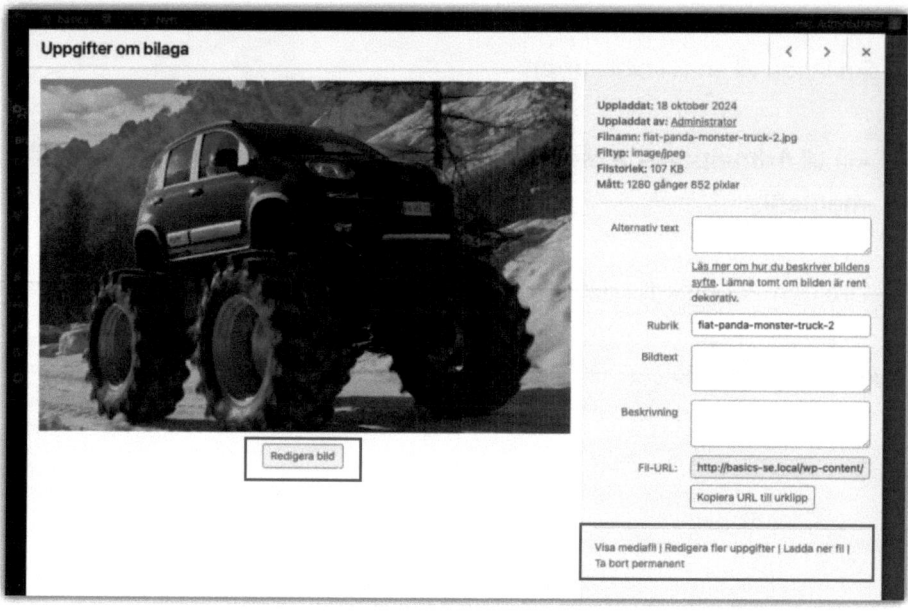

Klicka på **Redigera fler uppgifter** för att lägga till metainformation, t.ex. **titel**, **alternativ text**, **bildtext** och **beskrivning**.

Klicka sedan på knappen **Uppdatera**.

Redigera bild

Om du vill redigera en bild klickar du på den och sedan på knappen **Redigera bild**.

Redigeringsalternativen omfattar **Beskär**, **Skala**, **Bildrotation** och **vändning**.

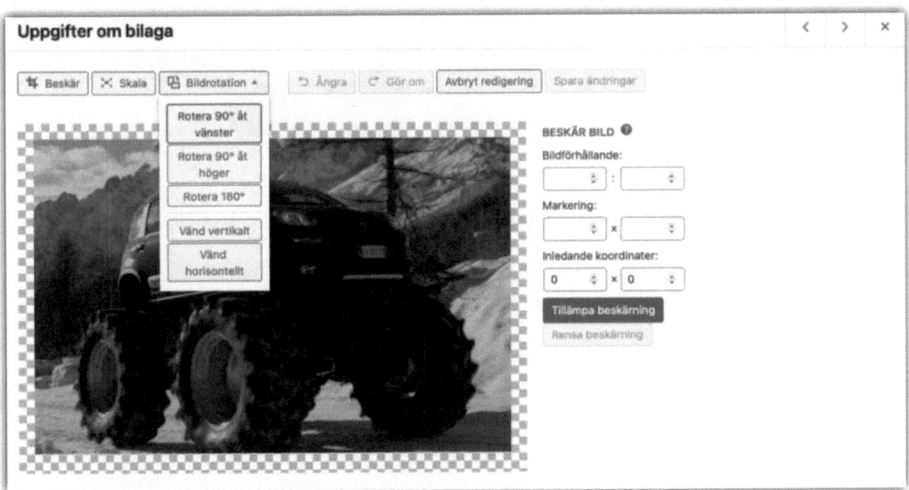

Du kan också justera originalstorleken i den högra kolumnen. När du har gjort ändringar klickar du på knappen **Spara ändringar**.

Placera bild

Du kan placera bilder i ett inlägg eller på en sida. I blockredigeraren klickar du först på ⊞ ikonen och väljer sedan **Bild**.

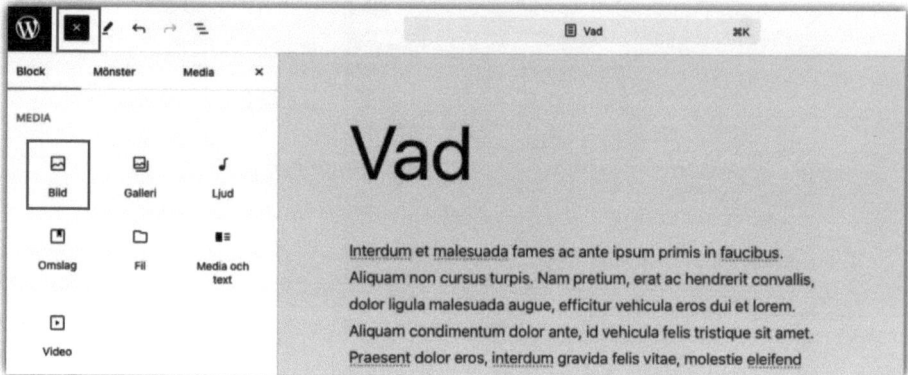

Du kommer att se en total översikt i ett popup-fönster.

1. Välj en bild och klicka på knappen **Välj**.

2. Klicka sedan på en **justeringsikon**. I det här fallet väljer du justera **Vänsterställ**.

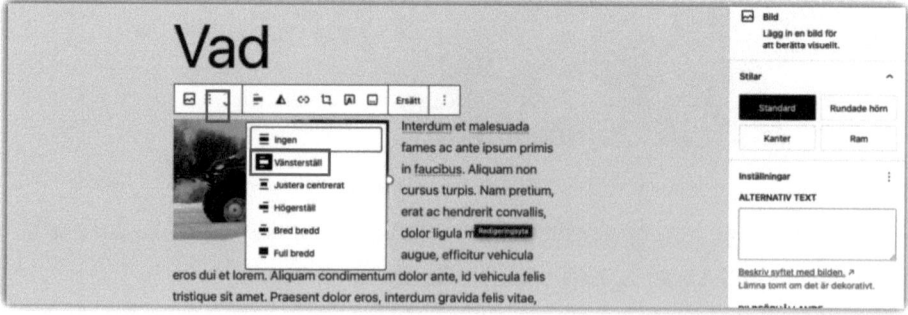

3. Klicka sedan på **+** ikonen igen och välj en **paragraf**.

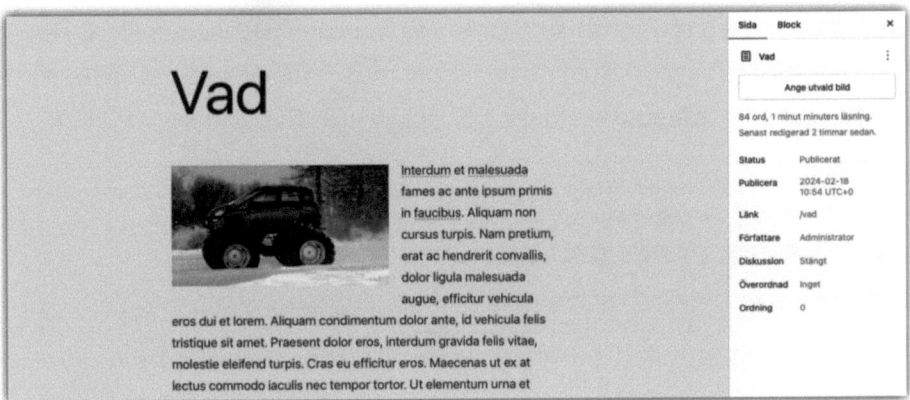

Placera texten i styckeblocket. Bilden är nu vänsterjusterad i förhållande till texten. Gör bilden mindre för att se effekten.

Du kan redigera en bild genom att klicka på bilden. I högerkolumnen ser du ett antal inställningar. Om du klickar på **Options** (3 prickar, verktygsfältet) kan du *kopiera*, *duplicera* eller *ta bort* en bild.

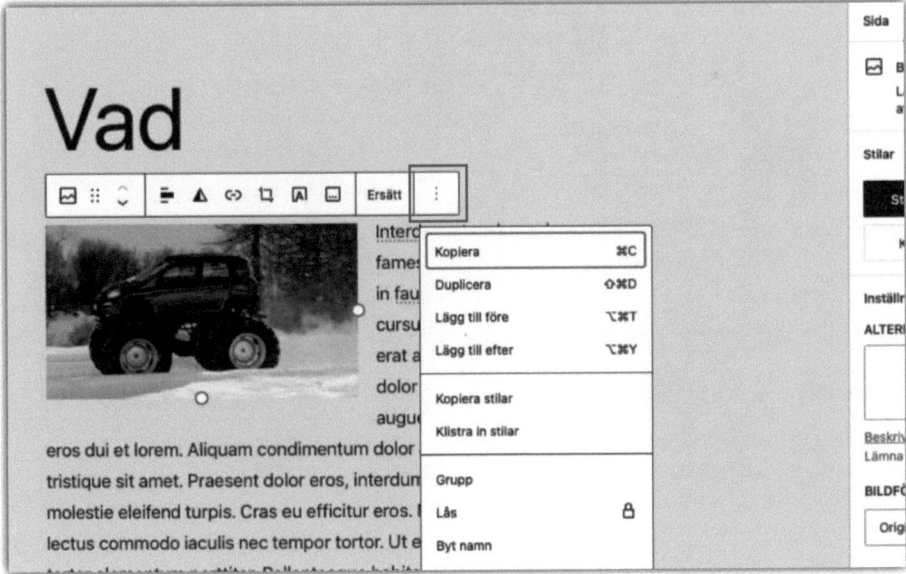

Länk bild

En bild kan också användas som länk. Välj en bild. Klicka sedan på ikonen Länk i blockredigeraren. Som du ser är det möjligt att länka till en **URL**, en **bildfil** (stor bild), **blagsida** (stor bild på sidan) eller **Expandera vid klick**.

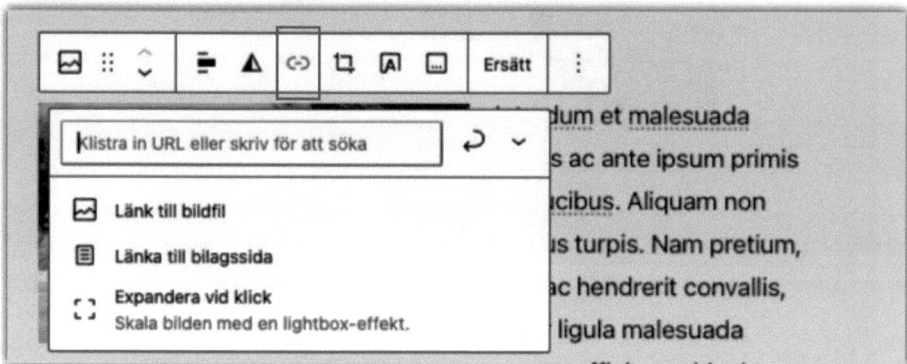

Skriv eller klistra in en URL i länkfältet. Med knappen **Länkinställningar > Öppna i ny flik** öppnas länken i ett nytt fönster. Klicka sedan på knappen **Spara**.

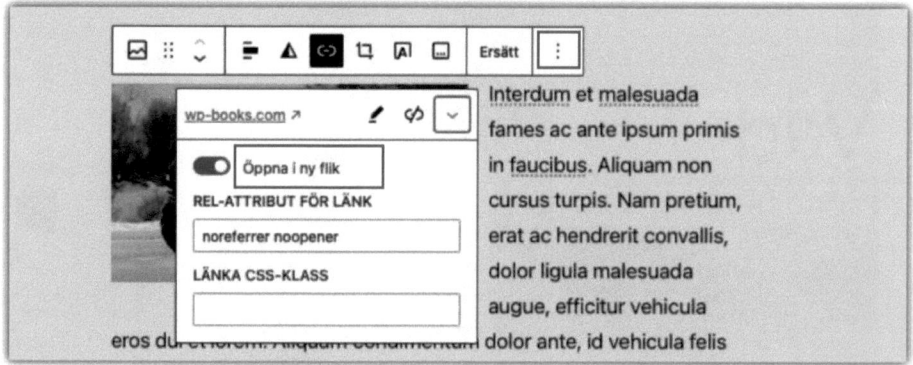

Glöm sedan inte att **Spara** sidan.

Inställningar för media

Gå till **Adminpanel > Inställningar > Media**.

Värdena anger de maximala dimensioner i pixlar som används för att lägga
till bilder i mediebiblioteket.

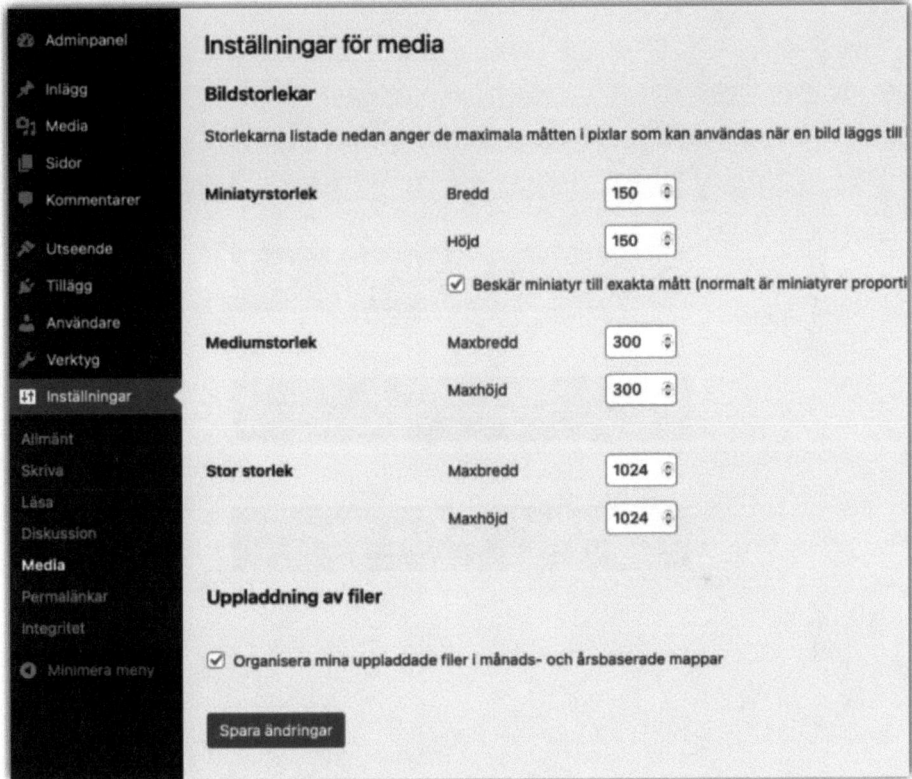

Om du vill avvika från detta kan du ändra det.

Glöm då inte att klicka på knappen **Spara ändringar**.

MENYER

Med temat Twenty Twenty-One ingår inte sidor automatiskt i en meny, till skillnad från vissa teman. Om du vill ha en meny och styra dess ordning själv måste du skapa en. Följ dessa steg:

1. Gå till **Adminpanel > Utseende > Menyer**.

2. I fältet **Namn för meny** ger du menyn ett namn, till exempel *Huvudmeny*, och klickar sedan på knappen **Skapa meny**.

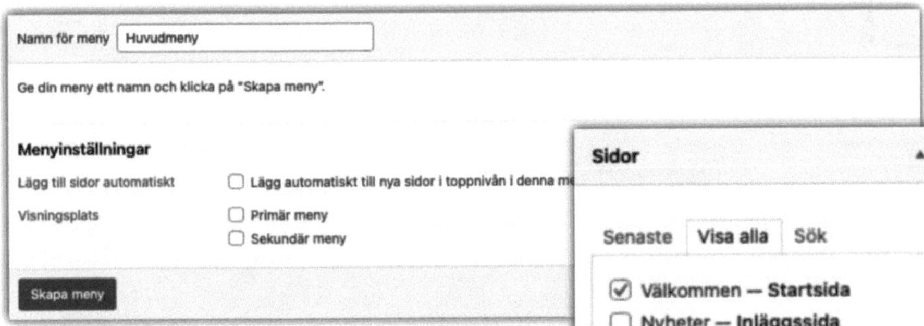

3. Sidor läggs inte automatiskt till i menyn. Klicka på fliken **Visa alla** för att se alla tillgängliga sidor och lägga till dem i menyn. Välj **Välkommen** (Startsidan), dina andra sidor (utom Nyheter) och klicka sedan på **Lägg till i meny**.

4. Du kan också inkludera **Inlägg**, **Anpassade länkar** och **Kategorier** i menyn.

5. Justera ordningen på menyalternativen genom att dra dem vertikalt. Du skapar undermenyer genom att dra ett menyalternativ till höger (t.ex. **Vem > Sample page**).

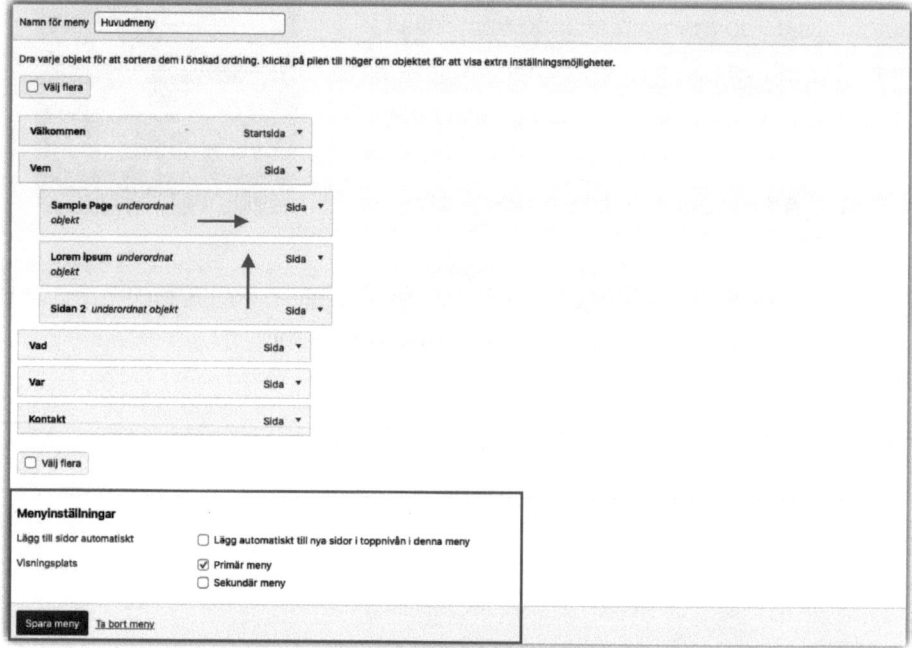

6. I **Menyinställningar** aktiverar du **Primär meny** för att visa menyn på webbplatsen. Olika teman kan ha olika platser för menyer, var och en med sin egen position och stil.

7. När du har anpassat menyn klickar du på **Spara Meny** och förhands-granskar din webbplats.

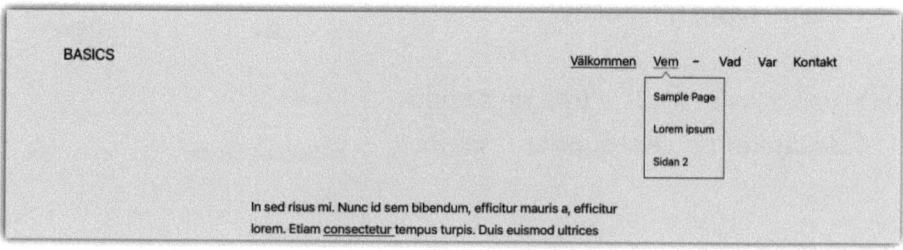

Inlägg i menyn

Il kapitlet *Anpassa startsidan* nämns att alla inlägg kommer att länkas till nyhetssidan. Följ dessa steg för att lägga till nyhetssidan i menyn:

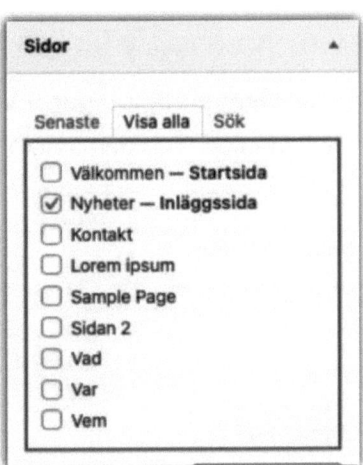

1. Lägg till **Nyheter** (Inläggssida) i menyn.

2. Dra menyalternativet till önskad plats, t.ex. ovanför Kontakt.

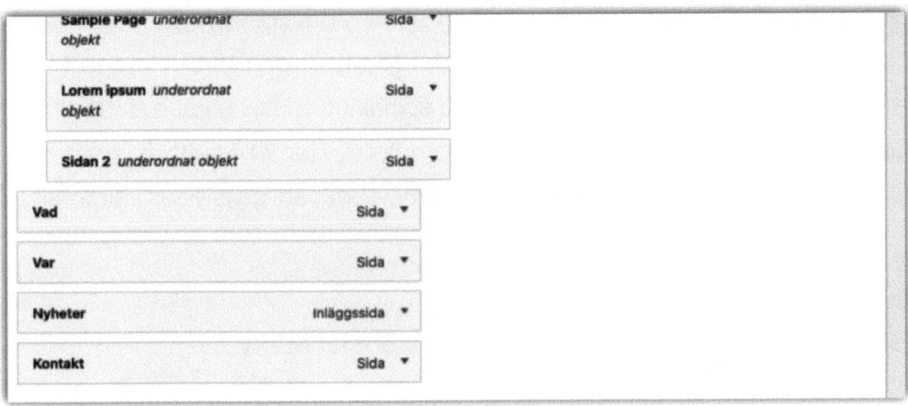

3. Klicka på **Spara Meny** och visa webbplatsen.

Meny för sociala länkar

Under **Menyinställningar > Visningsplats** hittar du flera platsnamn.
Antalet platser och deras namn kan variera beroende på tema och be-
stäms av temat (i det här fallet Twenty Twenty-One).

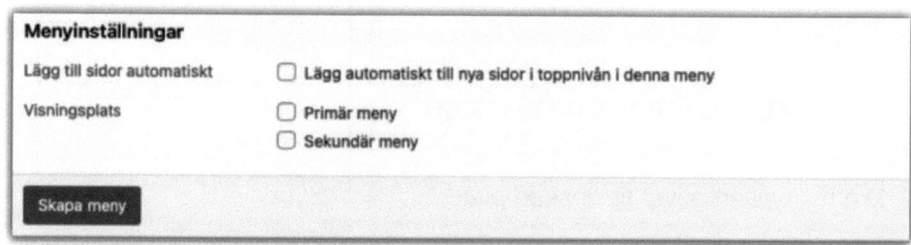

En meny kan inkluderas i olika områden som sidhuvud, sidfot, vänsterspalt
osv. Om du ser en plats som heter **Social Meny** är den särskilt avsedd för
en meny som innehåller länkar till sidor i sociala medier. I en social meny
genereras ikoner för sociala medier automatiskt. I temat Twenty Twenty-
One kan du använda den **Sekundär meny**, som vanligtvis visas i sidfoten.

Skapa en social meny
Gå till **skapa en ny meny** och döp den till **Social Meny**.

Redigera menyer	Hantera positioner

Redigera din meny nedan eller skapa en ny meny. Glöm inte att spara dina ändringar!

Klicka på knappen **Skapa en ny meny**.

Som ett exempel kan vi skapa en social meny med länkar till WordPress
Facebook- och *X (Twitter)* -sidor.

Gå till avsnittet **Lägg till menyval** och välj **Anpassade länkar**.

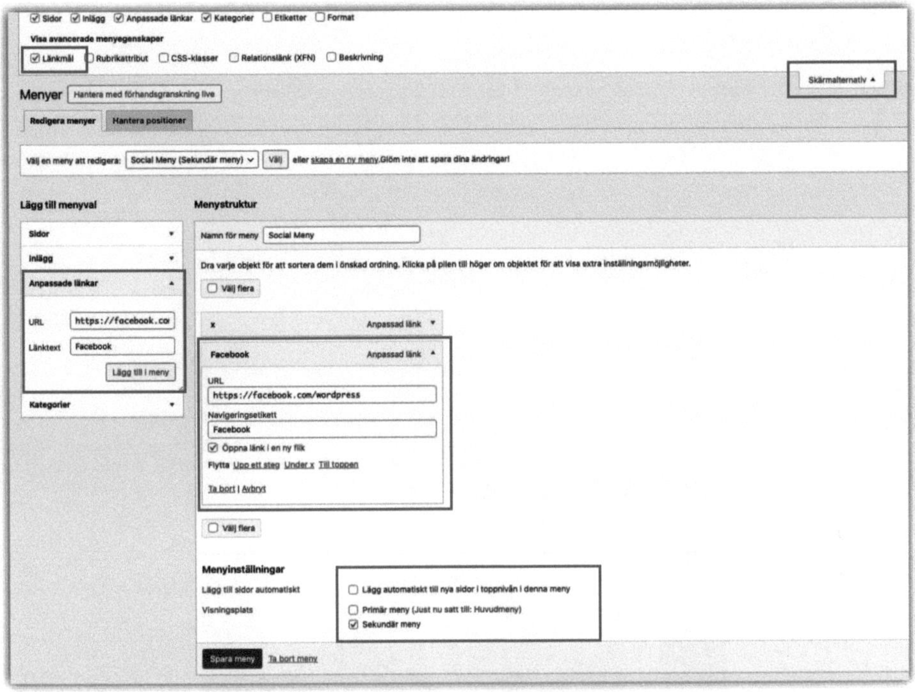

URL : *https://www.facebook.com/wordpress*. **Länktext : Facebook**.
Klicka sedan på knappen **Lägg till i menyn**. Gör samma sak för **X**.
URL - *https://www.twitter.com/wordpress*. **Länktext - X**.

Med hjälp av **skärmalternativ** (längst upp till höger på skärmen) kan du
ställa in **Link Target** så att en länk öppnas i en ny flik. Detta alternativ är
tillgängligt efter aktivering och kan ställas in för varje menyalternativ indivi-
duellt. I **Menyinställningar - Visningsplats**, väljer du **Sekundär meny**.
Klicka slutligen på knappen **Spara meny** och visa webbplatsen (sidfoten).

KATEGORIER

I WordPress kan du **kategorisera** dina **inlägg** så att de blir lättare att hitta för besökarna.

Kategorier kan visas i menyer eller användas i sidofält.

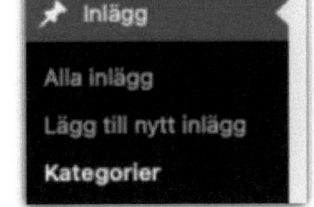

1. Gå till **Adminpanel > Inlägg > Kategorier**.

2. Håll muspekaren över **Uncategorized** och klicka på **Snabbredigera**.

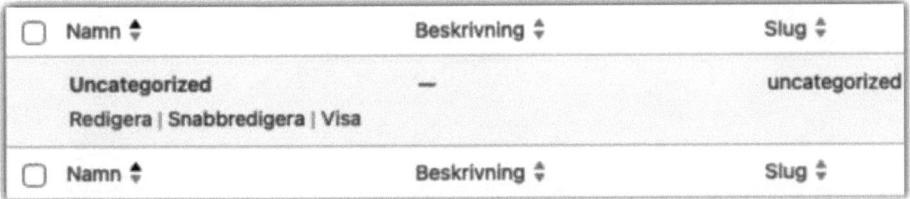

3. Ändra namnet till **Blogginlägg** och klicka på **Uppdatera kategori**.

Du kan också behålla kategorin *Uncategorized* och skapa nya kategorier efter behov. Detta kan vara till hjälp för att organisera inlägg som inte har kategoriserats ännu.

Under **Lägg till ny kategori** anger du namnet på den nya kategorin.

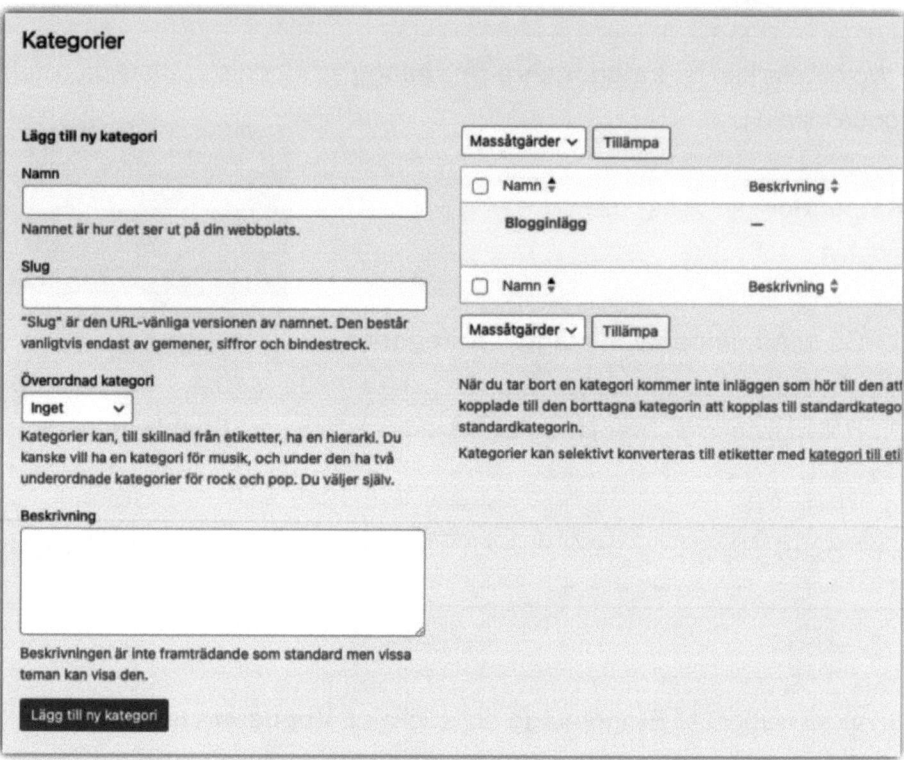

Du kan skapa en hierarkisk struktur genom att ange en **Överordnad kategori**. Klicka på knappen **Lägg till ny kategori** när du är klar.

Om du till exempel bloggar om sport kan *sport* vara en överordnad kategori med underkategorier som *fotboll*, *basket* och *volleyboll*.

När du har skapat kategorier kan du tilldela dem till dina inlägg.

Gå till **Adminpanel > Inlägg > Alla inlägg**. Välj ett inlägg.

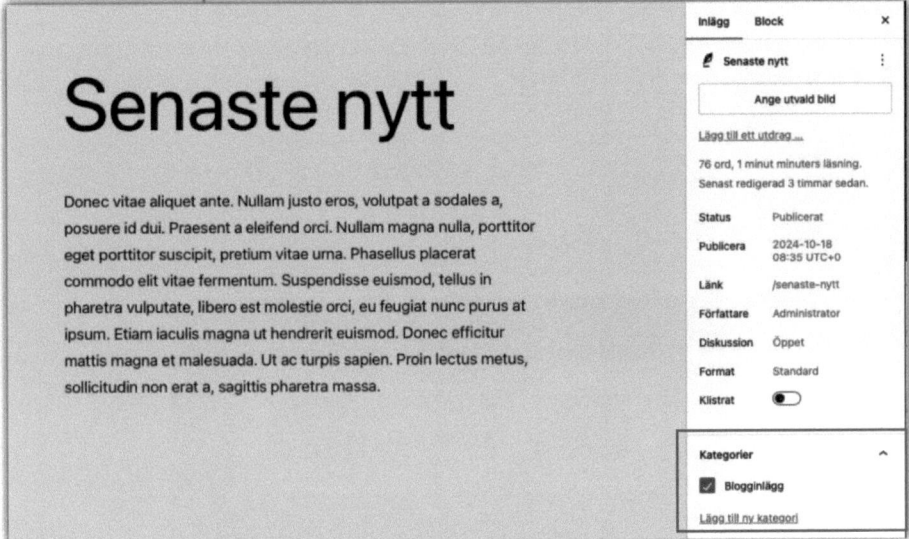

Ändra kategori efter behov.

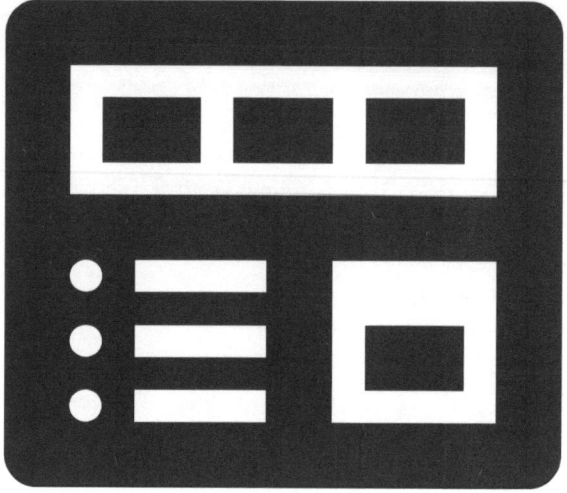

WIDGETAR

Widgetar är element som förbättrar de visuella och interaktiva funktionerna på en webbplats. Dessa komponenter inkluderar objekt som ett **Sökfält**, **Senaste kommentarer**, **Arkiv**, **Senaste inlägg**, **Kategorier** etc.

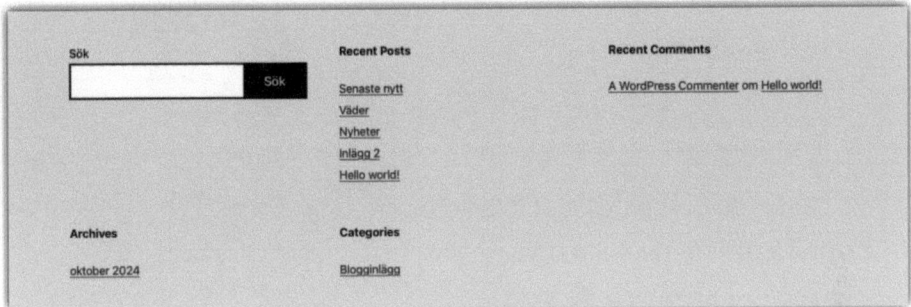

Widgets finns ofta i **sidfoten** eller **sidofältet** i ett tema.

Lägg till widget

1. Gå till **Adminpanel > Utseende > Widgetar**.

2. Scrolla ner och klicka på **+** ikonen.
   Välj ett **Kalender**-block.

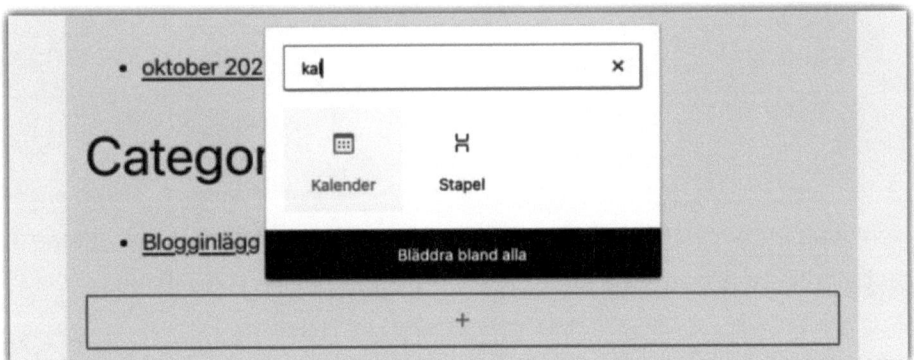

3. **Dra** blocket till önskad position, t.ex. högst upp.

4. Klicka på **Spara**.

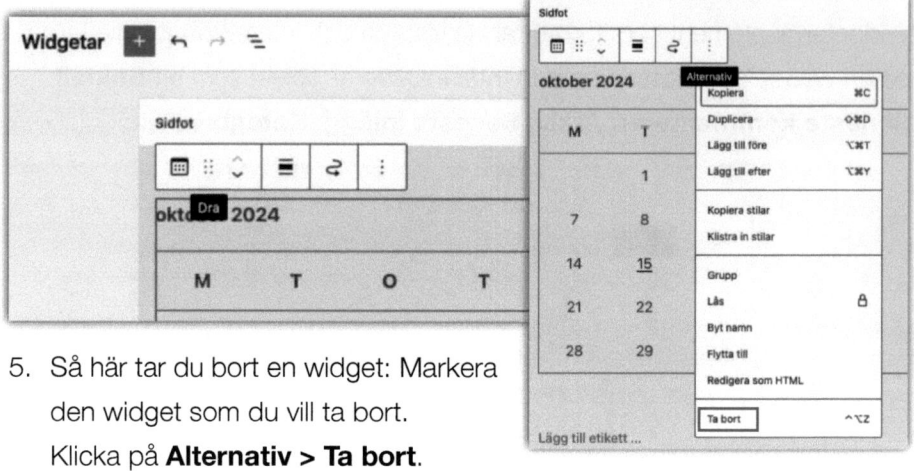

5. Så här tar du bort en widget: Markera den widget som du vill ta bort.
   Klicka på **Alternativ > Ta bort**.

6. Visa webbplats.

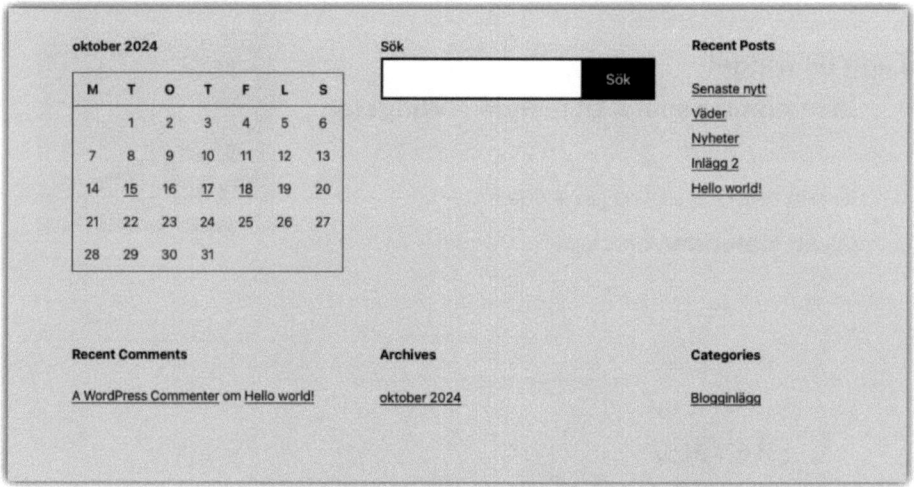

Kom ihåg att widgets kan variera beroende på vilket tema du använder. Om du byter till ett annat tema kan du behöva lägga till dina widgets på nytt.

Innehåll i sidofält eller sidfot

Om du vill lägga till mer innehåll i ett sidofält klickar du bara på ➕ ikonen längst upp till vänster på skärmen. Alla block som finns tillgängliga i det här fönstret kan läggas till i antingen sidofältet eller sidfoten.

Följ dessa steg för att lägga till ytterligare innehåll i sidofältet eller sidfoten:

1. Gå till **Adminpanel > Utseende > Widgets**.
2. Klicka på ikonen ➕ .
3. Välj ett **Rubrik**-block och lägg till text i det.
4. Välj ett **Bild**-block och välj en bild från mediabiblioteket.
5. Klicka på båda blocken och klicka sedan på ikonen **Flera block valda** (till vänster i alternativfältet) och välj **Grupp**.

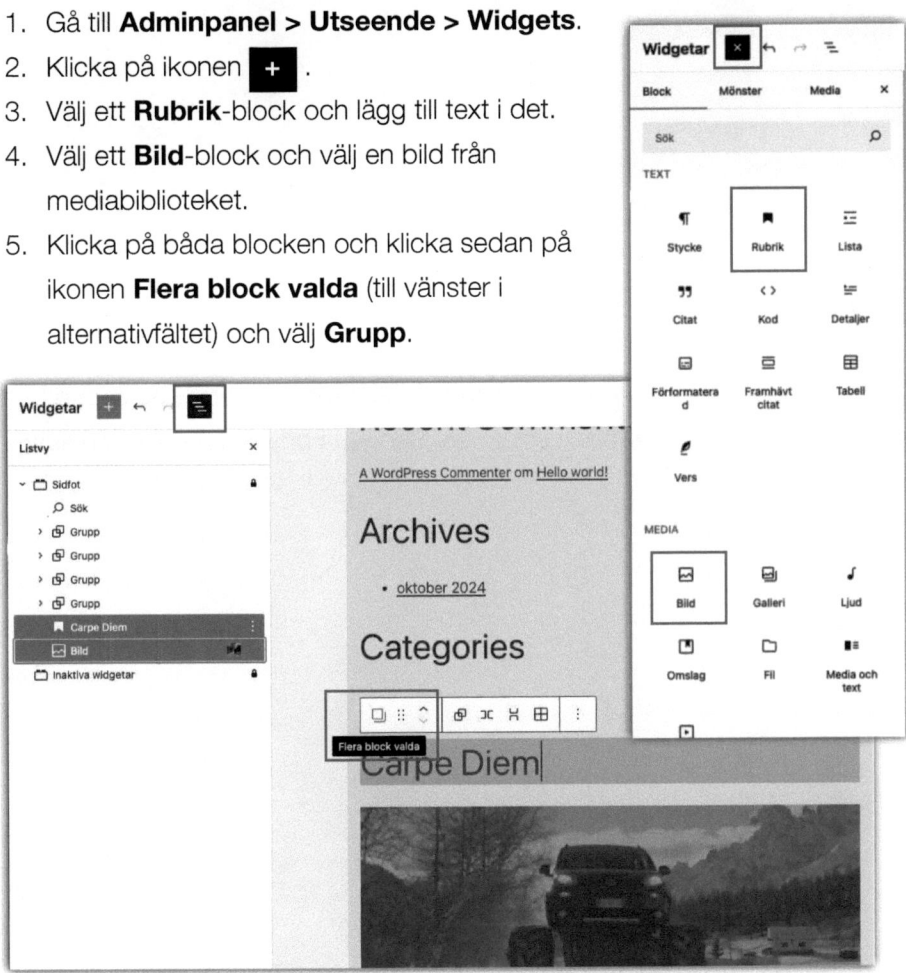

6. Ändra ordningen om det behövs.

7. Spara dina ändringar.

8. Förhandsgranska webbplatsen.

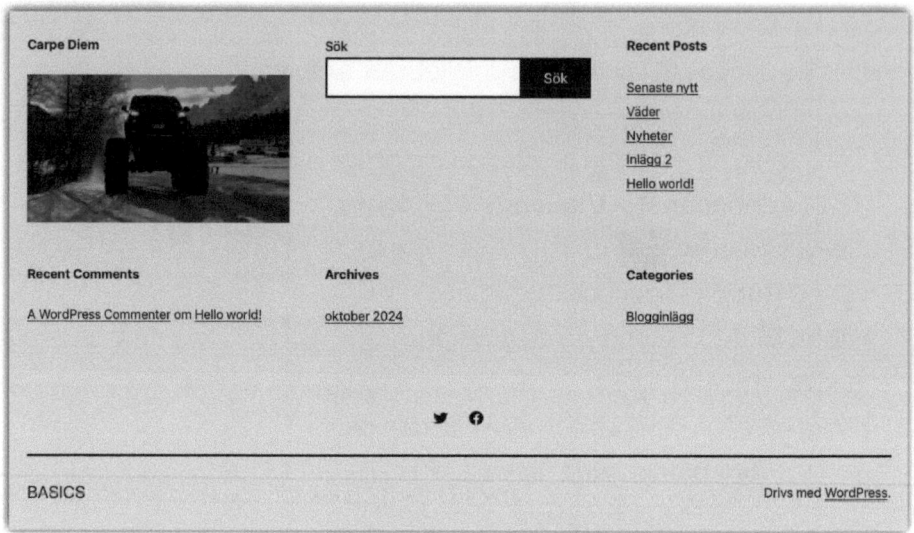

När du grupperar båda blocken tillsammans kommer de att visas som ett enda block (staplade vertikalt) i sidfoten. Separata block visas sida vid sida.

PRAKTISKA BLOCKELEMENT

Från och med WordPress version 5.0 är det inte längre nödvändigt att installera plugins för att placera kolumner, tabeller eller knappar, bland annat. Med den nya blockredigeraren kan du använda olika element direkt. I detta kapitel går vi igenom några praktiska block.

Kolumner

Navigera till en **sida** och klicka på ikonen ➕ längst upp till vänster. Välj **DESIGN > Kolumner**.

Välj en variant. Vi rekommenderar att du inte använder mer än 2 eller 3 kolumner. Jag en mobilvy visas kolumnerna under varandra.

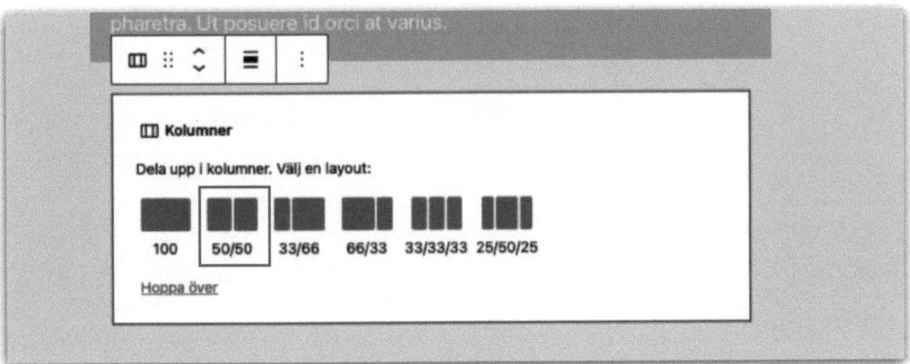

Kolumnerna är placerade. Använd ikonen **+** i varje kolumn för att lägga till innehållsblock som **Stycke**.

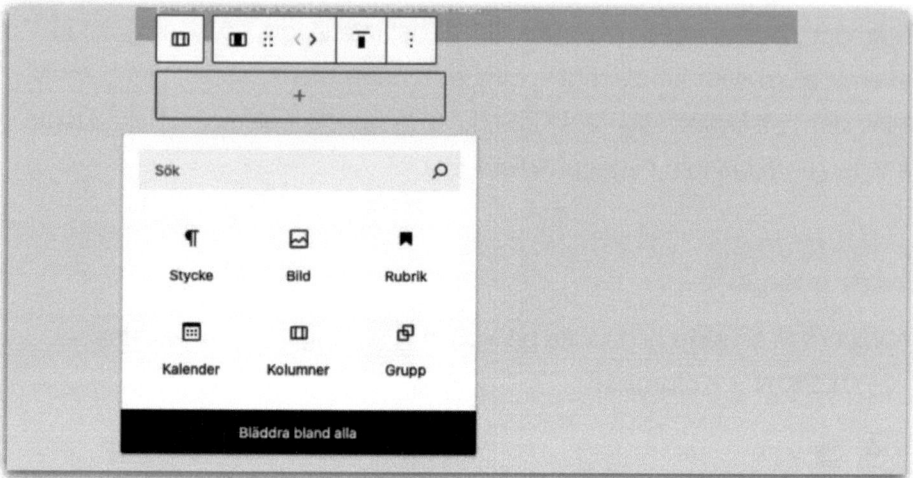

För att navigera genom kapslade blockelement i en kolumn använder du **Dokumentöversikt > Listvy**. Detta finns i det övre vänstra hörnet av fönstret.

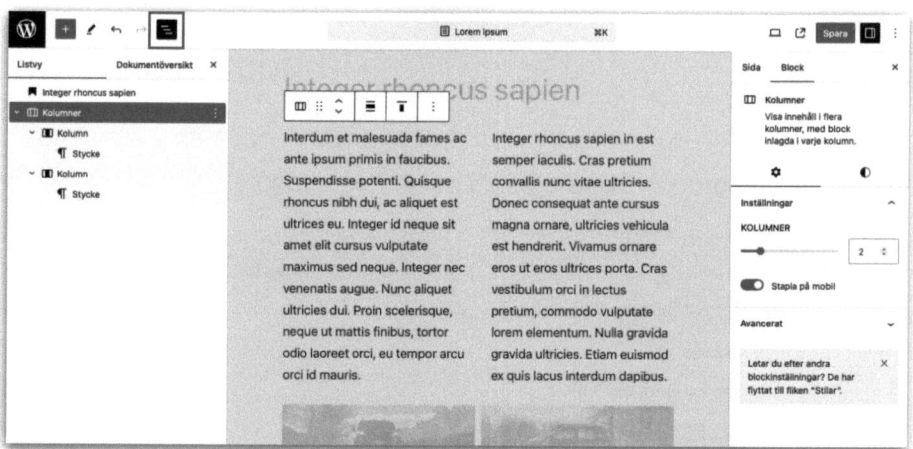

Genom att välja ett block i denna lista kan du enkelt ändra ett element (till höger).

Tabeller

Klicka på ikonen **+** och välj **TEXT > Tabell**.

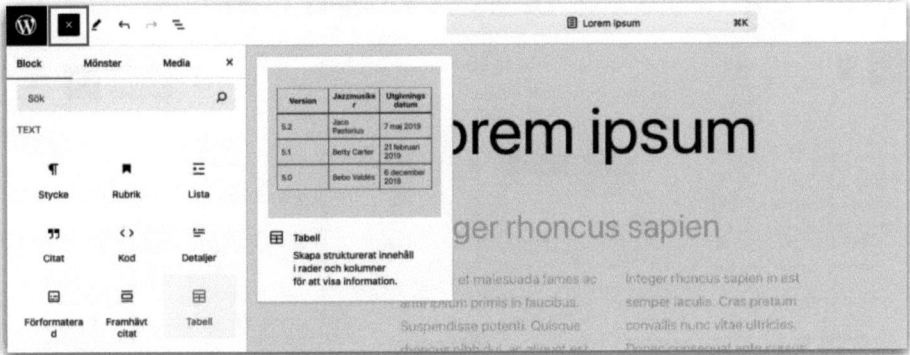

Ange önskat antal **kolumner** och **rader**. Klicka sedan på **Skapa tabell** och placera innehåll i tabellen.

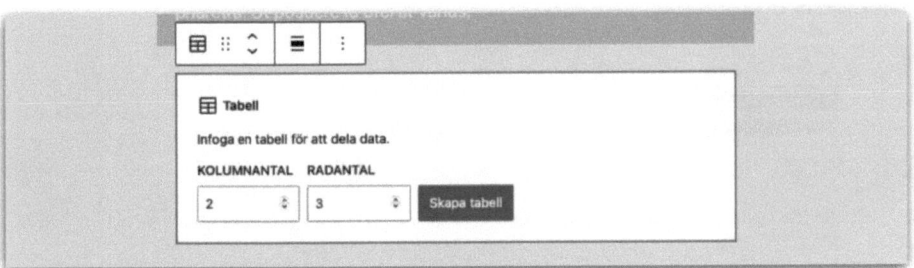

I alternativet **Tabell-Inställningar** aktiverar du **Tabellceller med fast bredd**.

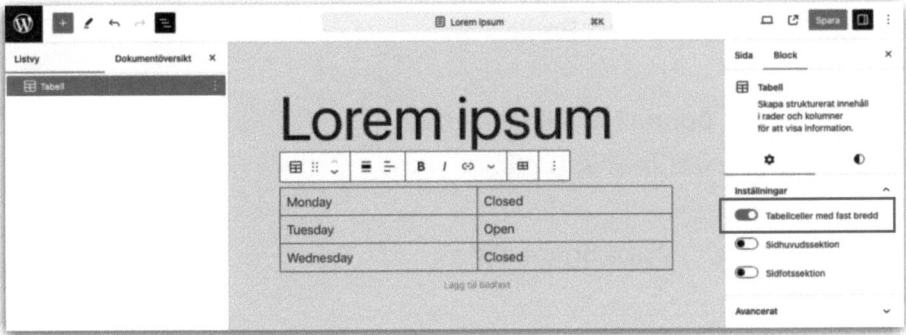

Knappar

En knapp får mer uppmärksamhet än en textlänk.

Klicka på **+** ikonen och välj **DESIGN > Knapper**.

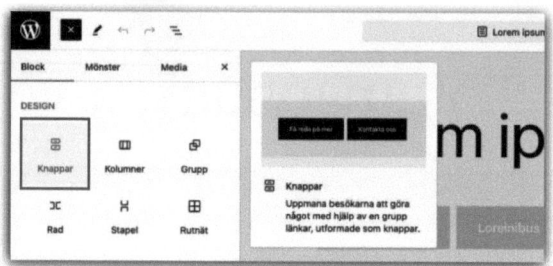

Lägg till **text** i **Knappen**. Klicka på **länkiko-nen** och skriv in eller klistra in en **URL** i länkfäl-tet. Från **Alternativ** (till höger) kan du anpassa knappens egenskaper.

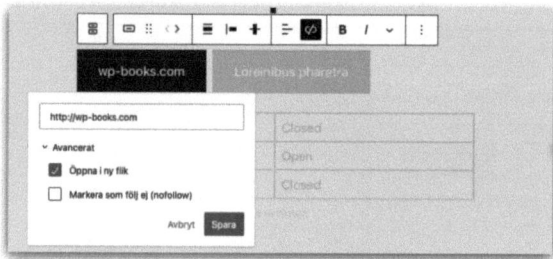

Under **Stilar** väljer du **Fyll**. Med **Color** kan du justera text- eller bakgrundsfärgen.
Avrundning kan göras med **Radie**.

Se till att länken **öppna i ny flik** genom att använda alternativet Toolbar-Länk.

Klicka sedan på knappen **Spara** eller **Publicera**.

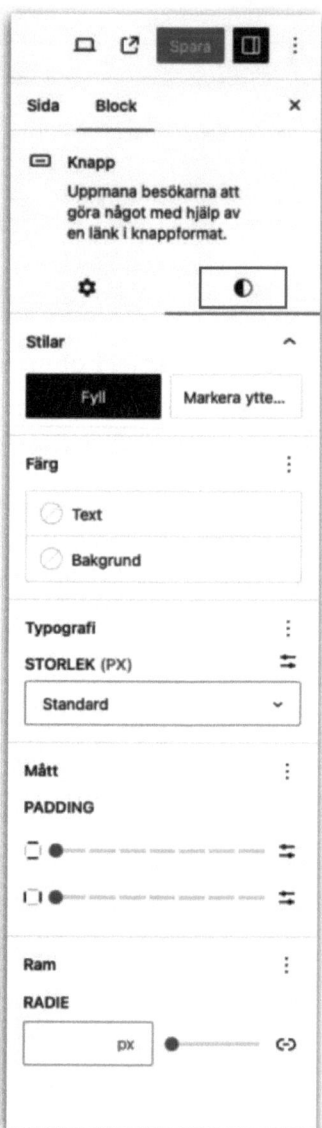

Galleri

Klicka på **+** ikonen och välj **MEDIA > Galleri**.

Ladda upp nya bilder eller välj befintliga bilder från mediebiblioteket.

Klicka på knappen **Mediabibliotek** och välj ett antal bilder.

Klicka sedan på knappen **Skapa ett nytt galleri**.

En ny översiktsskärm visas.

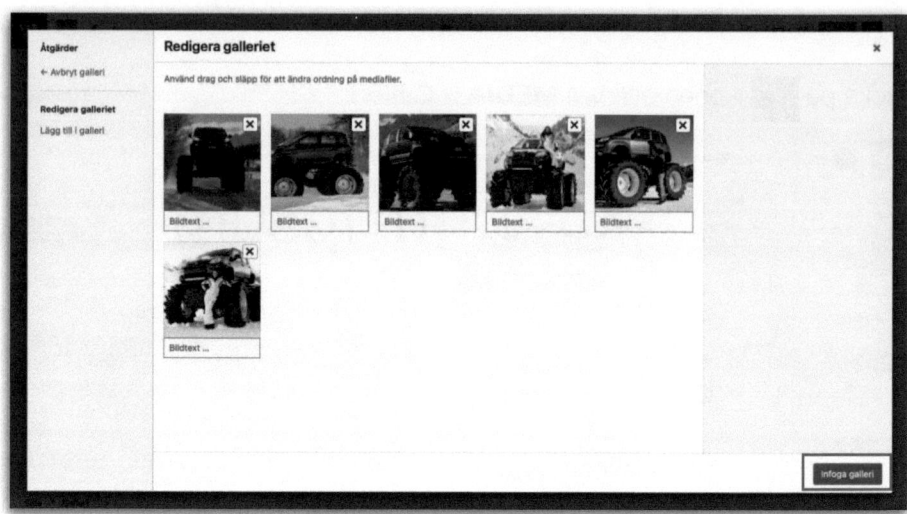

Klicka sedan på **Infoga galleri**. Det går bland annat att justera bildordningen.

Markera en **bild**. Klicka på **ikonen Länk** i **verktygsfältet** och välj **Expandera vid klick**.

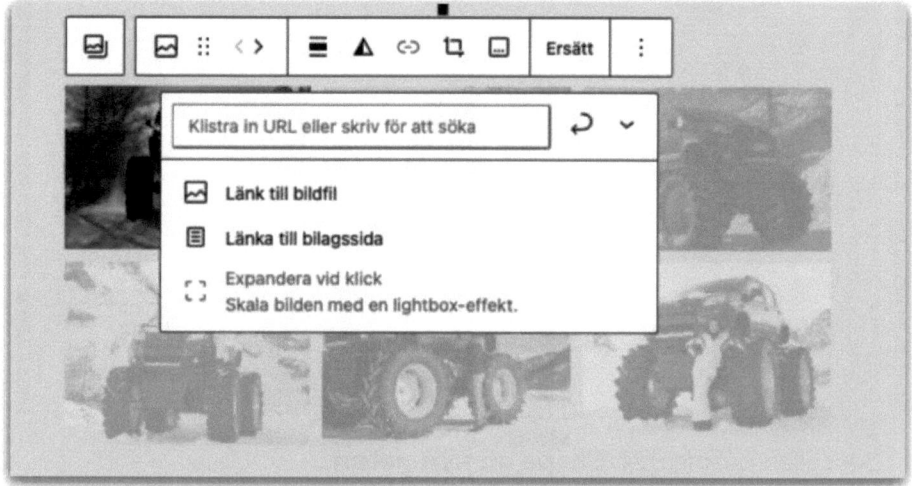

Publicera ditt inlägg eller din sida och visa webbplatsen.

Mönster

Med **Block** kan du formatera sidor eller inlägg. Dessutom har du möjlighet att möjlighet att använda mönster, som är fördesignade block som är skräddarsydda för specifika ändamål, till exempel en välkomstsida, blogglayout eller kontaktsida, bland andra.

Mönster kommer integrerade i det aktiva temat. Att använda Mönster kan spara mycket tid, eftersom de erbjuder färdiga strukturer som du enkelt kan anpassa genom att byta ut text eller bilder. Du kan ytterligare förbättra utseendet på block och mönster genom att justera **inställningarna** i högerkolumnen.

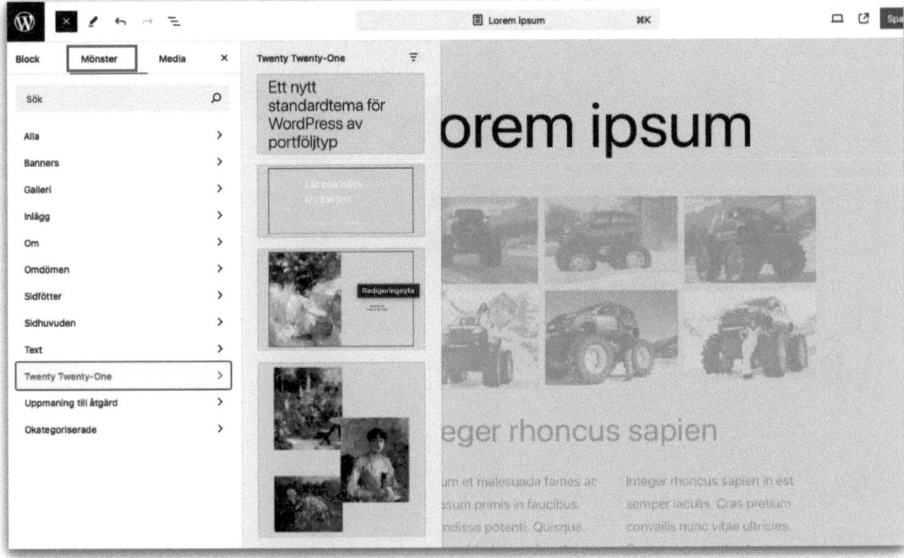

Dessutom kan du med WordPress skapa **återanvändbara block**, som har samma funktion som mönster. Dessa block kan du lägga till på din webbplats och på så sätt skapa enhetlighet mellan olika sidor. För detaljerade instruktioner om hur du skapar återanvändbara block, se boken *WordPress - Gutenberg*.

ANPASSA TEMA

Det är enkelt att anpassa det aktiva temat från instrumentpanelen, och omfattningen av anpassningsalternativen varierar beroende på vilket tema som används. Du kommer åt anpassningsinställningarna genom att navigera till **Adminpanel > Utseende > Teman > Anpassa**.

Denna åtgärd öppnar ett nytt fönster där den vänstra kolumnen visar en lista med anpassningsbara objekt. Varje alternativ expanderar när du klickar på det och avslöjar ytterligare anpassningsmöjligheter.

När det gäller detta tema inkluderar anpassningsalternativen **Webbplatsidentitet**, **Färger och mörkt läge**, **Bakgrundsbild**, **Menyer**, **Widgetar**, **Inställningar för startsida**, **Utdragsinställningar** och **Extra CSS**.

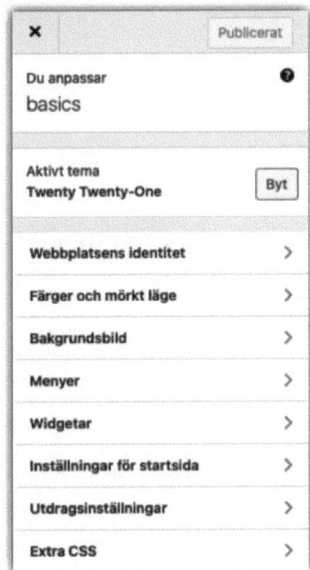

Om du t.ex. vill justera temafärgerna kan du använda alternativet **Stöd för mörkt läge**. Genom att klicka på **Välj färg** bredvid **Bakgrundsfärg** kan du ändra färgen efter önskemål, med ändringarna omedelbart synliga i förhandsgranskningsfönstret.

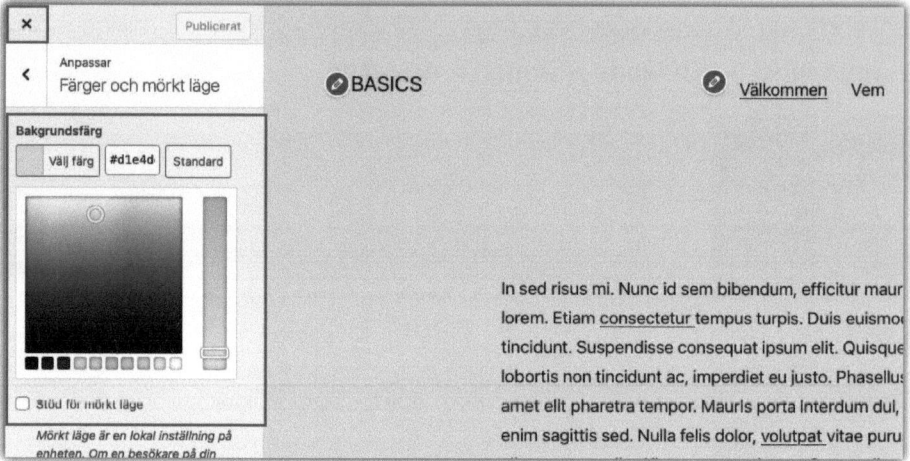

Glöm inte att **spara** dina ändringar och stäng sedan anpassningsfönstret genom att klicka på ikonen "**X**" i det övre vänstra hörnet.

Placera rubrikbild

Att placera en header-bild innebär att du väljer en bild som ska visas högst upp i temat. Medan många teman tillåter att detta görs via **Adminpanel > Utseende > Sidhuvud**, använder Twenty Twenty-One-temat en **Featured Image** istället.

Följ dessa steg för att ställa in en sidhuvudsbild: Gå till **Adminpanel > Sidor** och välj hemsidan **Välkommen**. I panelen **Inställningar** på höger sida klickar du på **Ange utvald bild** och väljer en lämplig bild från ditt mediebibliotek. Klicka slutligen på knappen **Sparra** för att spara dina ändringar.

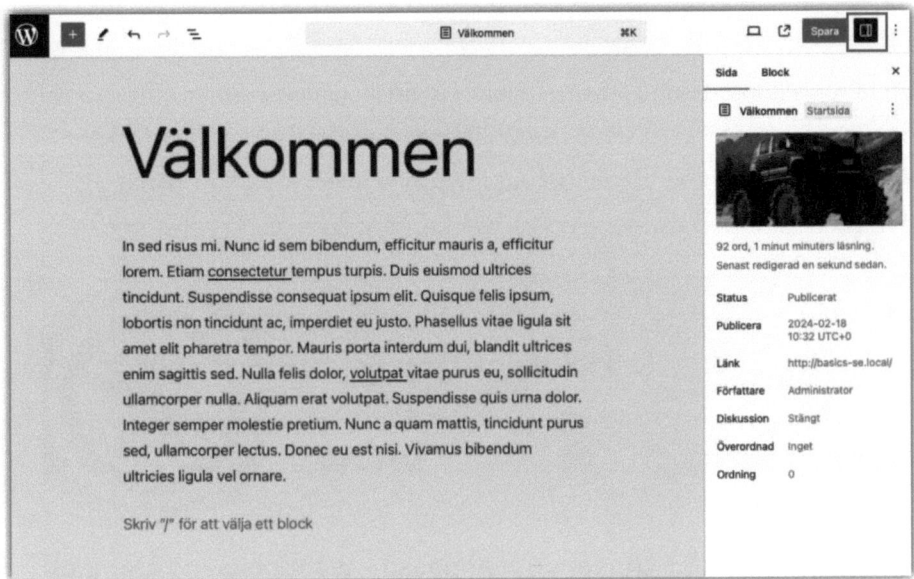

Genom att upprepa dessa steg för varje sida kan du skapa ett varierat sidhuvud på hela webbplatsen.

Favicon

En favicon (förkortning av favorite icon) är en liten ikon som är kopplad till en webbplats och som visas i webbläsarens adressfält och bokmärken. I WordPress rekommenderas det att favicon är kvadratisk eller minst 512 × 512 pixlar stor och kan vara i olika webbformat som gif, jpg eller png.

Gå till **Adminpanel > Utseende > Anpassa - Webbplatsens identitet**. Under **Webbplatsikon** klickar du på **Välj webbplats-ikon**.

Välj en bild från ditt **mediebibliotek** och beskär den efter behov.

Förhandsgranska favicon och när du är nöjd klickar du på knappen **Publicera** för att spara dina ändringar.

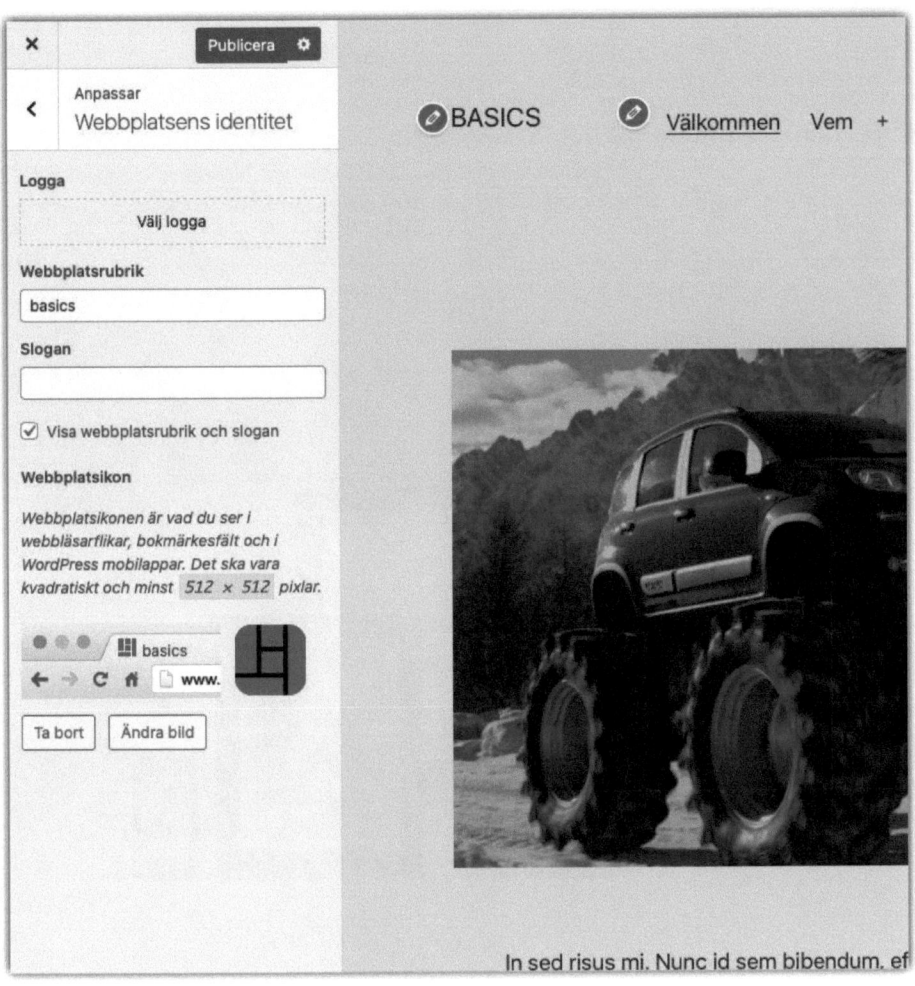

NYTT TEMA

Ett WordPress-tema är en samling PHP- och CSS-filer som definierar designen och design och funktionalitet på en WordPress-webbplats.

Teman gör det möjligt för användare att ändra webbplatsens design utan att förlora innehåll och är också kända som mallar.

WordPress erbjuder över 11 000 kostnadsfria teman för nedladdning, samt kommersiella teman från 10 dollar till cirka 70 dollar.

I det här kapitlet visar jag hur du **laddar ner** ett tema, **installerar** och **aktiverar** det.

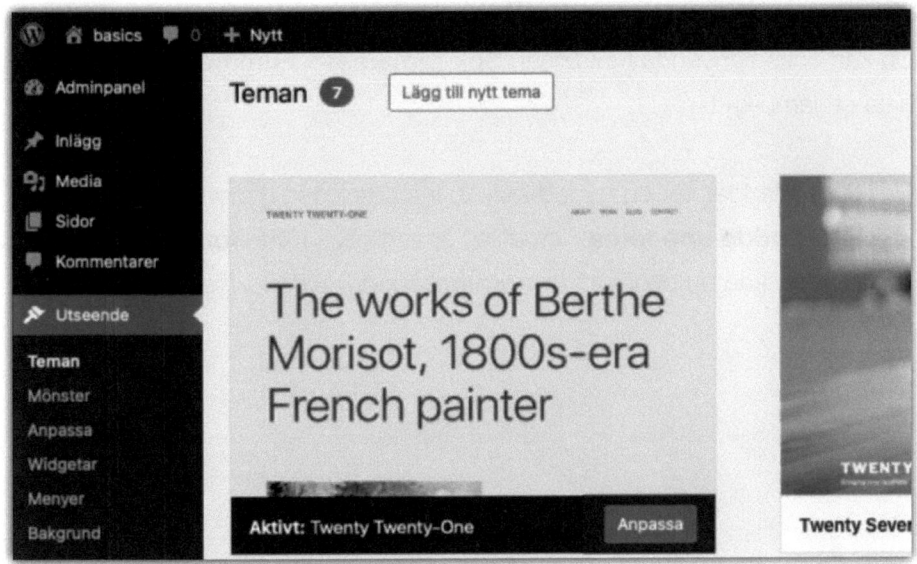

Gå till **Adminpanel > Utseende > Teman**.
Klicka på knappen **Ladda upp tema**.

Ladda ner och installera temat

För att ladda ner och installera ett tema har du flera alternativ. På skärmen **Ladda upp tema** hittar du kategorier som **Populära**, **Senaste**, **Blockteman** och **Favoriter**.

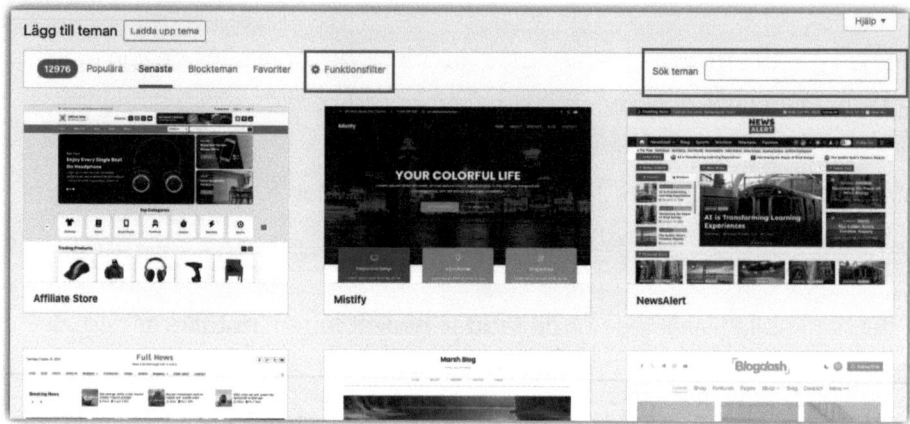

Du kan också använda funktionen **Sök teman** eller **Funktionsfilter** för att hitta ett lämpligt tema.

Om du har laddat ner en temafil kan du installera den genom att klicka på knappen **Ladda upp tema**. Temafilen är vanligtvis i **ZIP-format**. För fler gratisteman kan du besöka *http://wordpress.org/extend/themes*.

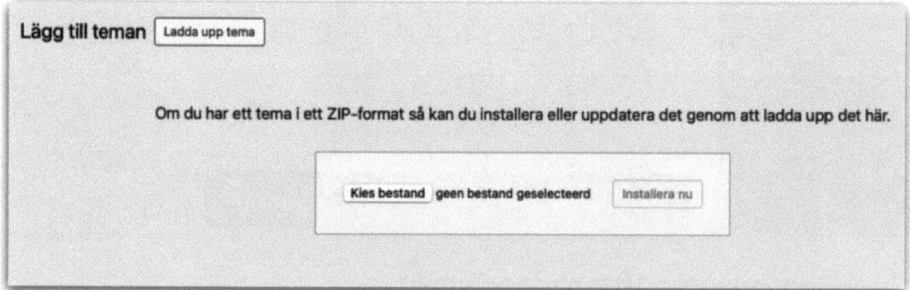

När du har hittat ett tema som du gillar klickar du på knappen **Installera**.

Låt oss till exempel installera Maxwell-temat från ThemeZee. Skriv **Maxwell** i **sökfältet** och klicka sedan på **Sök**. Håll muspekaren över temaförhands-

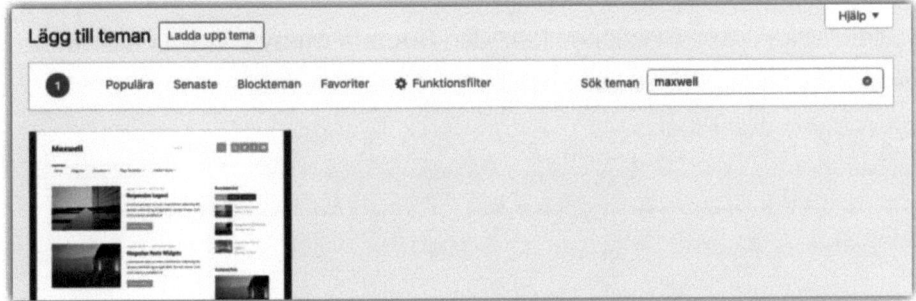

visningen för mer information eller klicka på **Uppgifter och förhands-granskning**. Klicka slutligen på **Installera**.

Från **Adminpanel > Utseende > Teman** kan du se antalet installerade teman. **Aktivera** gör att du kan ändra teman.

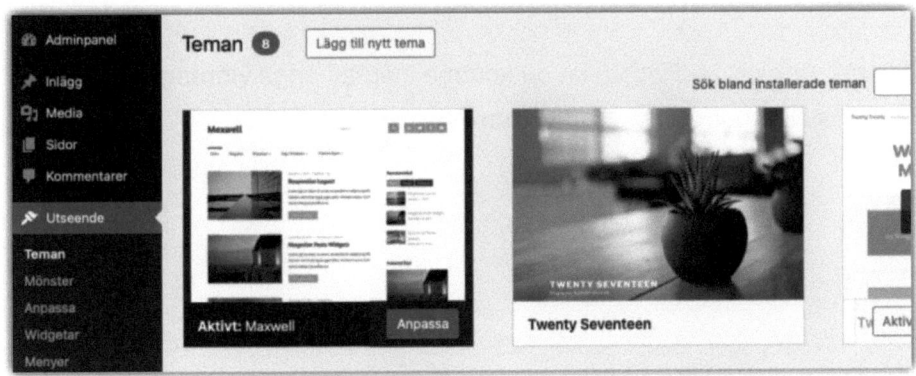

Om du märker att menyn försvinner efter att du har bytt tema kan du justera den i **Adminpanel > Utseende > Menyer**.

I vissa fall kan vissa funktioner, t.ex. den **Sociala menyn**, kräva en betal-version av temat. För att inkludera ikoner för sociala medier kan du använda Widgets eller Plugins.

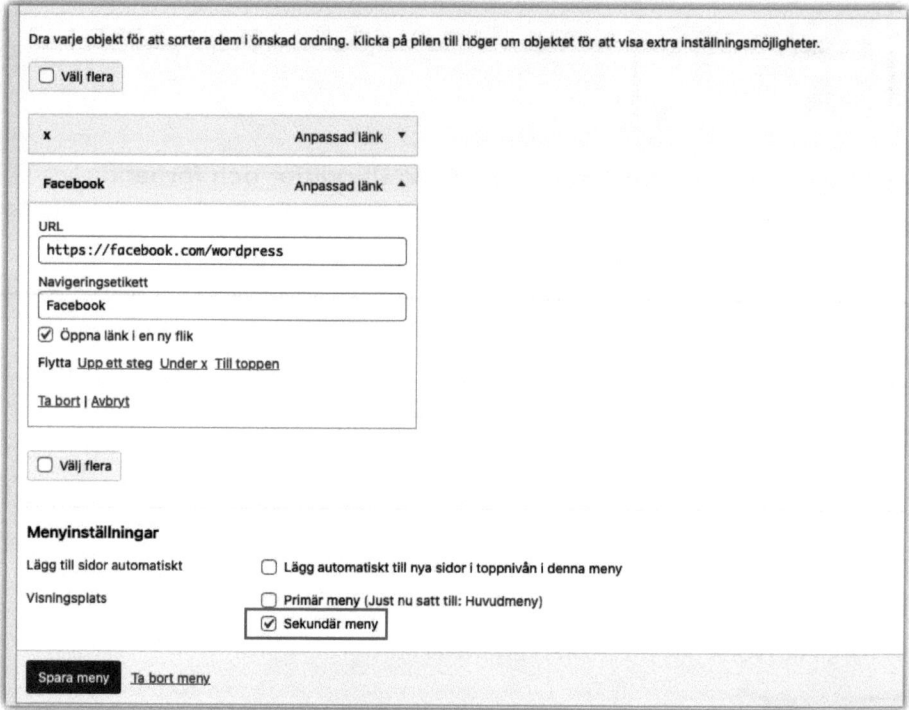

När du har gjort ändringar ska du komma ihåg att ange **visningsplatsen** i Menyinställningar och klicka på **Spara meny**.

Anpassa tema

Att anpassa ett tema med hjälp av **Tema anpassar** varierar beroende på temat. Låt oss utforska de alternativ som finns tillgängliga i Maxwell-temat.

Gå till **Adminpanel > Utseende > Teman > Anpassa**.

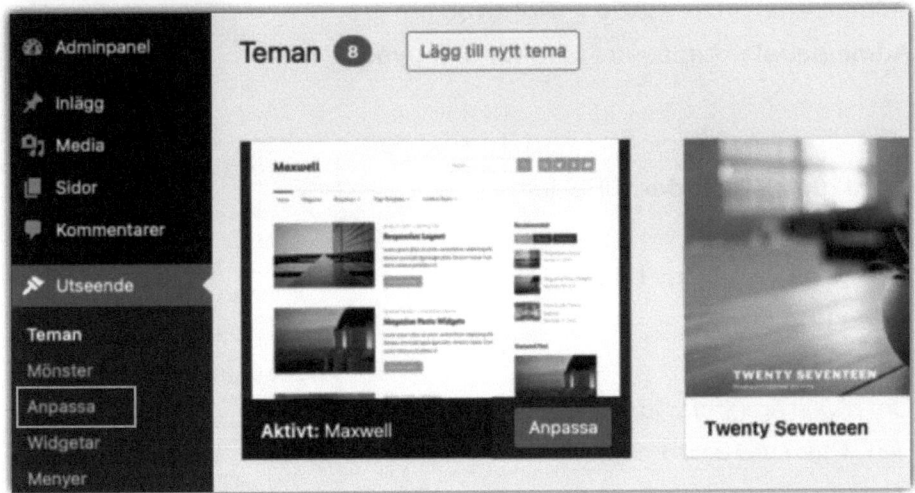

I den vänstra kolumnen ser du de anpassningsal-
ternativ som finns tillgängliga.

I Maxwell-temat kan du anpassa **Webbplats iden-
titet**, **Bild för sidhuvud**, **Bakgrund**, **Menyer**,
Widgetar, **Inställningar för startsida**, **Alternativ
för tema** och **Extra CSS**.

Om du t.ex. vill ändra temafärgen kan du använda
Bakgrund > Bakgrundsfärg.

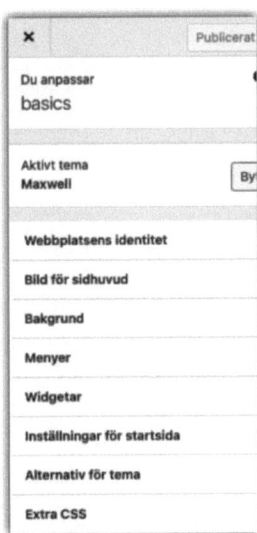

Bild för sidhuvud

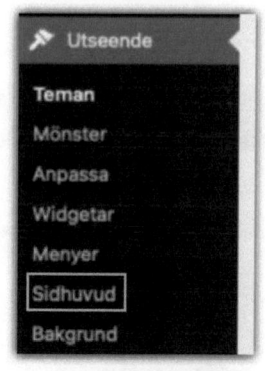

Att lägga till ett sidhuvud i *Maxwell-temat* skiljer sig från standardtemat *Twenty Twenty-One*.

För att lägga till ett sidhuvud i temat, gå till:

Adminpanel > Utseende > Sidhuvud eller
Adminpanel > Anpassa - Bild för sidhuvud

Hitta en lämplig header-bild med dimensioner runt **1200 x 400 pixlar** i JPG-format.

Klicka på **Lägg till ny bild**, välj filen och **ladda upp** den.

Om bilden är för stor kan du behöva beskära den. Alternativt kan du hoppa över beskärningen.

När bilden är uppladdad klickar du på **Publicera** för att spara ändringarna. Förhandsgranska din webbplats för att se det nya sidhuvudet.

Rubriken kommer att visas på alla sidor och i alla inlägg. Om du vill ha olika rubriker för varje sida eller inlägg kan du behöva använda ett insticksprogram.

Du hittar mer information om detta i kapitlet *Anpassade headers*.

basics

Välkommen   Vem ⌄   Vad   Var   Nyheter   Kontakt

oktober 15, 2024 • Blogginlägg

Hello world!

Welcome to WordPress. This is your first post. Edit or delete it, then start writing!

Fortsätt läsa »

oktober 18, 2024 • Blogginlägg

Senaste nytt

Donec vitae aliquet ante. Nullam justo eros, volutpat a sodales a, posuere id dui. Praesent a eleifend orci. Nullam magna

Fortsätt läsa »

Carpe Diem

Sök

Sök

BLOCKTEMA

Temat **Twenty Twenty-Two** är det första blocktemat som är standard i WordPress. Det möjliggör enkel visuell anpassning, så att du kan redigera eller lägga till block som titlar, logotyper och menyer. Du kan också justera strukturen på din **Hemsida**, dina **Inlägg** eller **Sidor**, ändra standardtexten i sidfoten och justera stilar som färg, storlek och typsnitt.

Anpassning av ett blocktema görs med samma redigerare som för sidor eller inlägg. WordPress kallar detta för **Full Site Editing** och erbjuder en omfattande upplevelse av webbplatsredigerare och byggare. För att komma igång skapar du en **ny WordPress-webbplats** med **Local** (se kapitlet *Installera WordPress*).

Gå till **Adminpanel > Utseende > Teman** och **installera** och **aktivera** temat **Twenty Twenty-Two**. WordPress vill i denna version visa hur enkelt det är att arbeta med blockteman.

147

Gå till **Utseende > Redigerare**. Webbplatsredigeraren visas. I den vänstra kolumnen ser du ett antal alternativ: **Navigering**, **Stilar**, **Sidor**, **Mallar** och **Mönster**. Till höger ser du startsidan med de senaste inläggen.

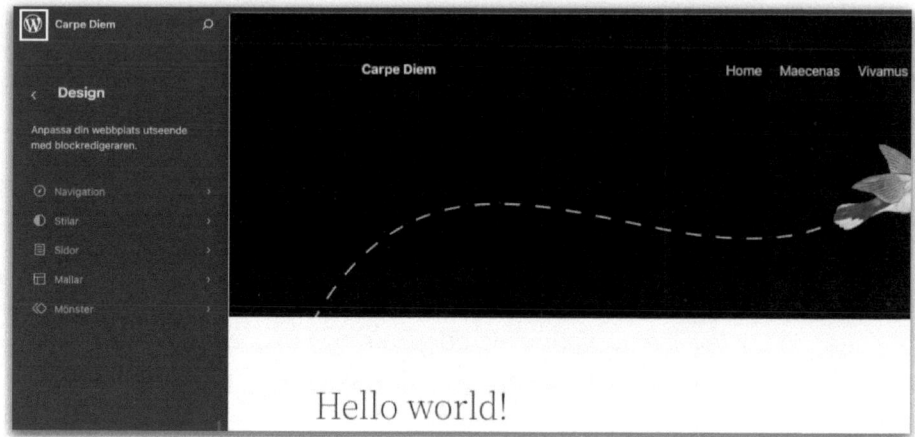

Markera **titeln** och klicka sedan på **Redigera mall**. Ett alternativfält visas ovanför blocket.

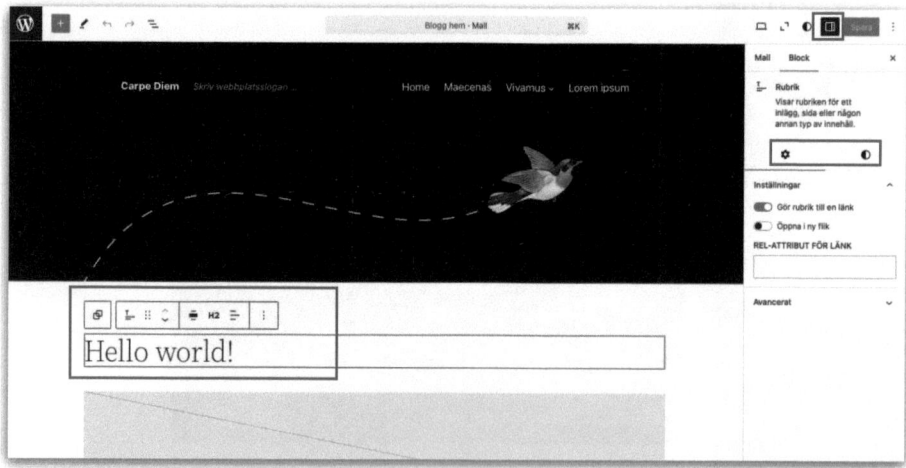

Med hjälp av ikonen **Inställningar** (längst upp till höger) hittar du ytterligare **blockalternativ** i en högerkolumn. Med **Blockinställningar** (kolumnikon) och **Stilar** (halvmåneikon) kan du anpassa blocket ytterligare.

WordPress-ikonen (längst upp till vänster) tar dig tillbaka till webbplatsredigeraren.

Navigera till **Utseende > Redigerare - Mallar**. Mallar består av **malldelar** och **block** som tillsammans bildar en sida. En malldel kan t.ex. vara en **Sidhuvud**, ett **Sidofält** eller en **Sidfot**. En mall består vanligtvis av flera delar.

Namnet på en **mall** anger dess syfte. Mallen **Enstaka inlägg** visas till exempel när en besökare klickar på ett inlägg från startsidan och visar då hela inlägget. Antalet mallar kan variera beroende på tema.

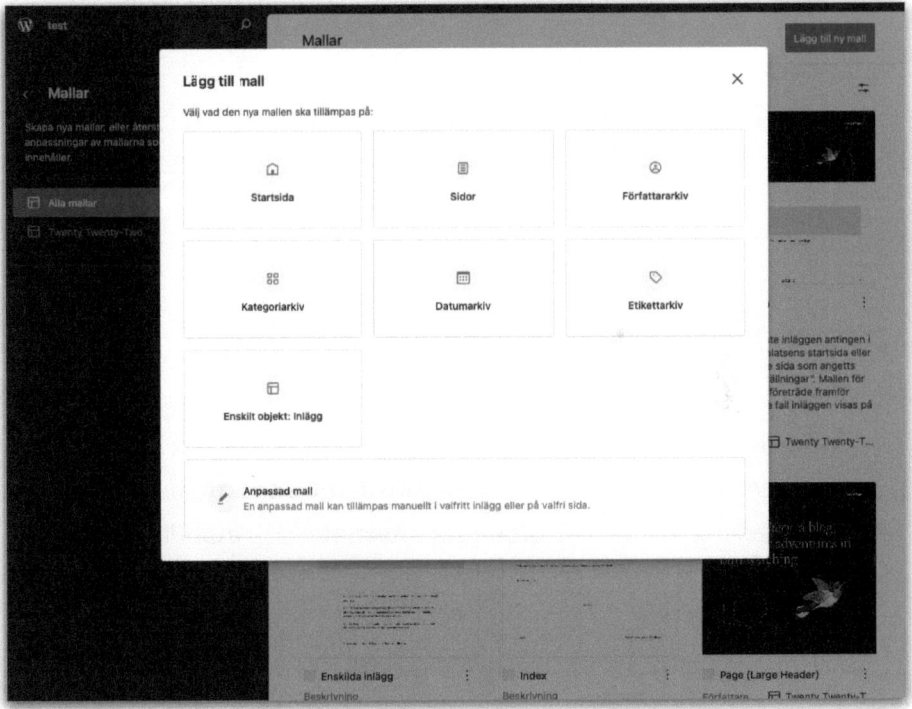

Du kan skapa nya mallar genom att klicka på knappen **Lägg till ny mall**.

Välj **Enskilda inlägg** och klicka på ett **block** för att redigera det.

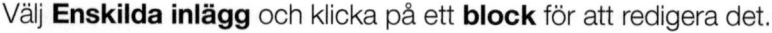

Strukturen i en mall består av **malldelar** och **temablock**. Genom att markera en mallkomponent eller ett block kan du se dess funktion. Det kan du göra antingen i **Listvy** eller med hjälp av **Brödsmulespåret**. Justera blockets egenskaper med hjälp av **blockets alternativ** och **inställningar** i högerkolumnen.

Du kan lägga till malldelar och temablock med hjälp av blockinsättaren, som representeras av **+** ikonen längst upp till vänster.

Gå till **Utseende > Redigerare > Mönster**. Förutom temamönster (layouter) hittar du också en lista med TEMPLATE PARTS. Klicka på en Part för att redigera den.

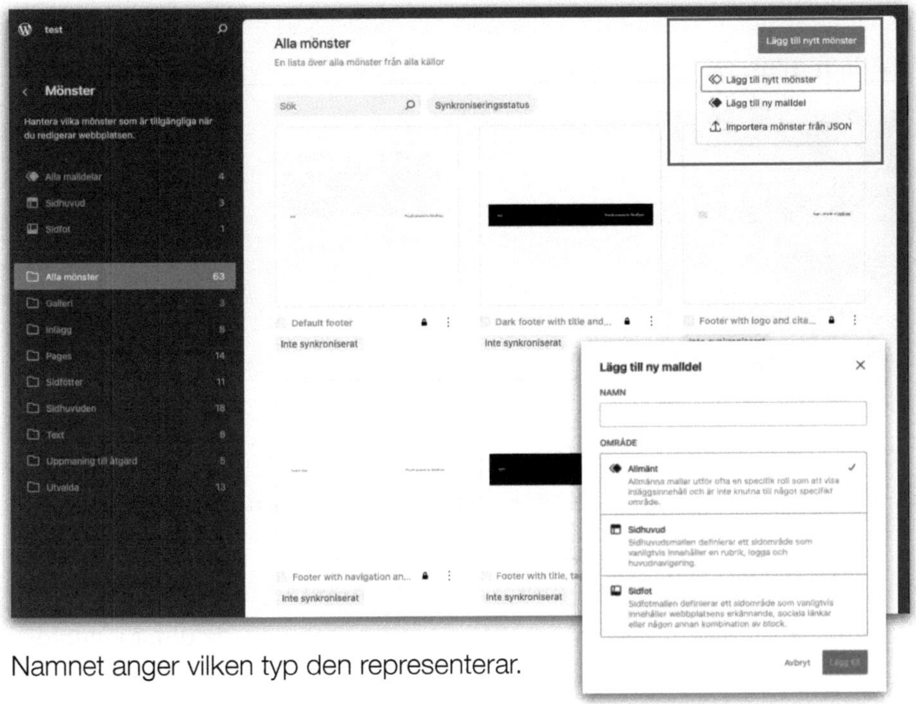

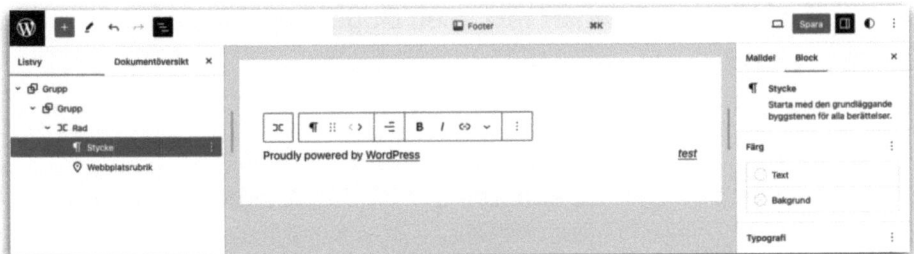

Namnet anger vilken typ den representerar.

Med hjälp **Lägg till nytt mönster** knappen kan du skapa malldelar.

Fördelen med att arbeta med en **Malldelar** är att du kan fokusera på layouten utan att bli överväldigad av hela sidstrukturen.

Redigera hemsida, mall och malldelar

Med Site Editor kan du lägga till eller ändra mönster på ett smidigt sätt. Ändringarna träder i kraft omedelbart när du sparar. En modifierad mall visas i mallöversikten. Om du vill återställa en modifierad mall går du till **Mallar > Alla mallar**. Gå sedan till **Åtgärder** (tre prickar) och välj **Återställ**.

För att illustrera, låt oss fortsätta med att redigera en mall.

Navigera till **Redigerare > Mallar** och välj mallen **Enskilda inlägg**.

Vårt mål är att ersätta sidhuvudet och sidfoten med ett mönster. Dessutom kommer vi att justera metainformationsblocken, inklusive datum, författare och kategori, placerade direkt under titeln.

Anpassning av Sidhuvud och Sidfot:

1. Navigera till **Listvy** och välj **gruppen** i **rubriken**.
2. Klicka på **+** ikonen och välj **Mönster**.
3. Välj kategorin **Sidhuvuden**.
4. Välj **Sidhuvud med enbart text, med slogan och bakgrund**.
5. **Ta bort** den **gamla gruppen**.
6. Justera text- och länkfärgen till vit.

Upprepa samma process för **sidfoten** och välj **Mörk sidfot med rubrik och citat**.

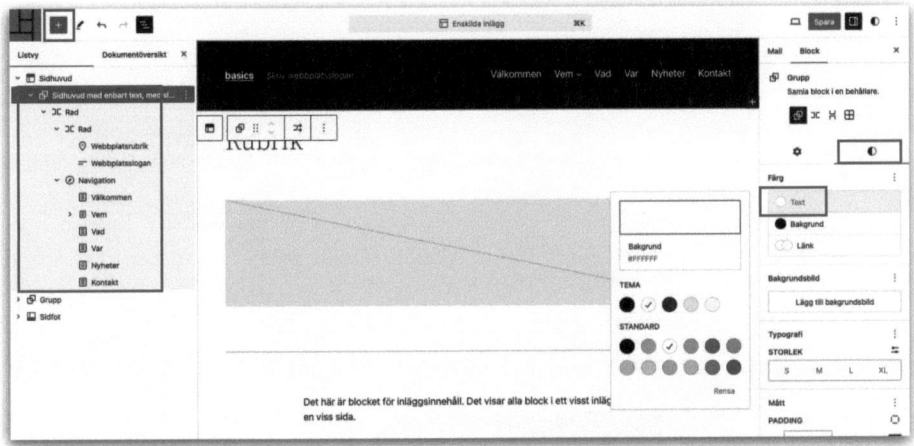

Sedan flyttar du *metainformationen* direkt under **titeln** genom att **markera** och **dra** raden med metainformation under **Rubrik**.

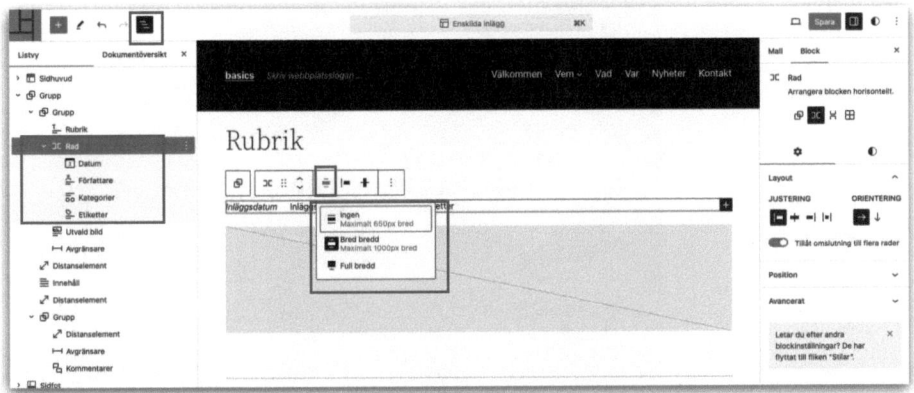

Använd verktyget **Listvy** för att få hjälp. Justera sedan bredden till **Bred bredd**. **Spara** dina ändringar och förhandsgranska ett inlägg.

För ytterligare insikter om layouter, fullständig webbplatsredigering och blockteman, se boken **WordPress - Gutenberg** och **- Blockteman**.

Obs: **Aktivera** temat **Twenty Twenty-One** eftersom du behöver det i nästa kapitel, eller gå till din tidigare WordPress-webbplats.

EDIT FOTER

Sidfoten är placerad längst ner i ett WordPress-tema. I temat **Twenty Twenty-One** hittar du webbplatsens titel och texten *Proudly powered by WordPress* i sidfoten.

Du kan anpassa sidfoten "under huven".

1. **Aktivera** temat **Twenty Twenty-One**.
2. Gå till **Adminpanel > Utseende > Filredigera för teman**.
   Ett popup-fönster visas. Klicka på knappen **Jag förstår**. Därefter kommer du att presenteras med *Twenty Twenty-One* PHP temafiler.

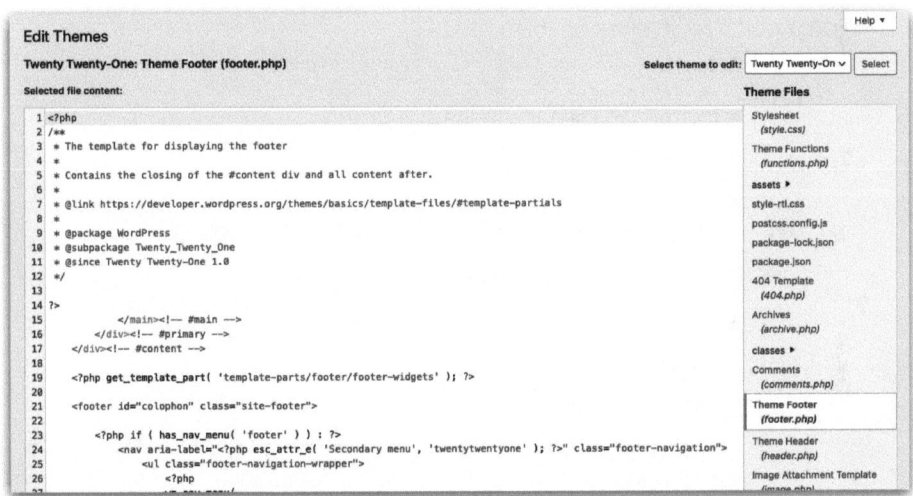

I den **högra kolumnen** kan du se alla temafiler för Twenty Twenty-One.

3. Klicka på **Sidfot för tema** (*footer.php*) i den högra kolumnen.
   Tips: Gör först en säkerhetskopia av koden. Kopiera koden och klistra in den i en textfil. I fönstret kan du redigera filen.

```
63        <div class="powered-by">
64            <?php
65            printf(
66                /* translators: %s: WordPress. */
67                esc_html__( 'Proudly powered by %s.', 'tw
68                '<a href="' . esc_url( __( 'https://wordp
69            );
70            ?>
71        </div><!-- .powered-by -->
72
73        </div><!-- .site-info -->
74    </footer><!-- #colophon -->
75
```

4. Ta bort skriptet mellan taggarna nedan
   <?php och **?>**, linjerna 65-69.

5. Placera ny information mellan dessa två taggar:
   <?php

```
print "Carpe Diem - "; echo date('D, d, M, Y');
```

   ?>

```
62
63        <div class="powered-by">
64            <?php
65            print "Carpe Diem - "; echo date('D, d, M, Y');
66            ?>
67        </div><!-- .powered-by -->
68
```

6. Skriptet efter "Carpe Diem - " genererar det aktuella datumet.
   ('D, d, M, Y') = dag, siffra, månad och år. Om du vill kan du ta
   bort en av bokstäverna för att justera datumet.
   Tips: Notera citattecknen. "fel" - "rätt".

7. Klicka på knappen **Uppdatera Fil** och visa webbplatsen.

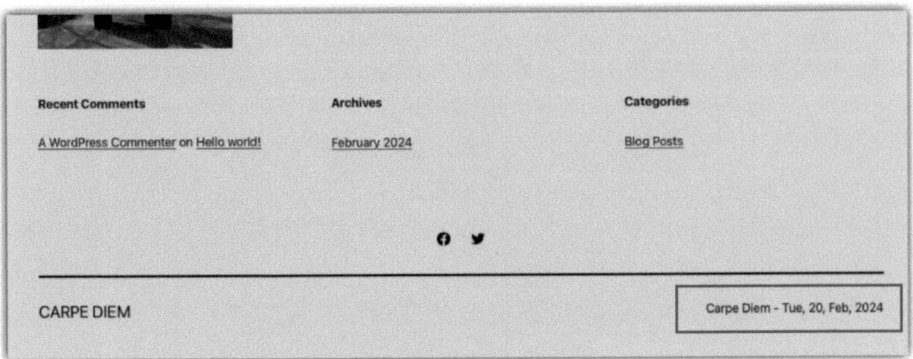

Den här övningen visar var du ska gå för att ändra en temafil. Tyvärr kommer temauppdateringar att skriva över alla ändringar som gjorts i sidfoten.

Om du vill göra en permanent ändring måste du skapa ett **Child Theme** av originaltemat. Detta är en slags kopia av originaltemat.

Om du använder ett Block Theme (se kapitlet *BLOCK THEME*) kan du använda Site Editor. Det är då inte längre nödvändigt att ändra en PHP-fil för detta ändamål.

Om du gillar att modifiera kod "under huven" eller vill veta hur ett Child Theme skapas kan du läsa boken **WordPress - Avancerad**.

ANVÄNDARE

I WordPress kan olika användare få tillgång till hanteringen av en webbplats. Genom att ge användarna olika behörigheter får de full eller begränsad åtkomst.

Lägga till användare:

1. Gå till **Adminpanel > Användare > Lägg till ny användare**.

   Lägg till en ny användare. Se till att du har fyllt i alla obligatoriska fält.

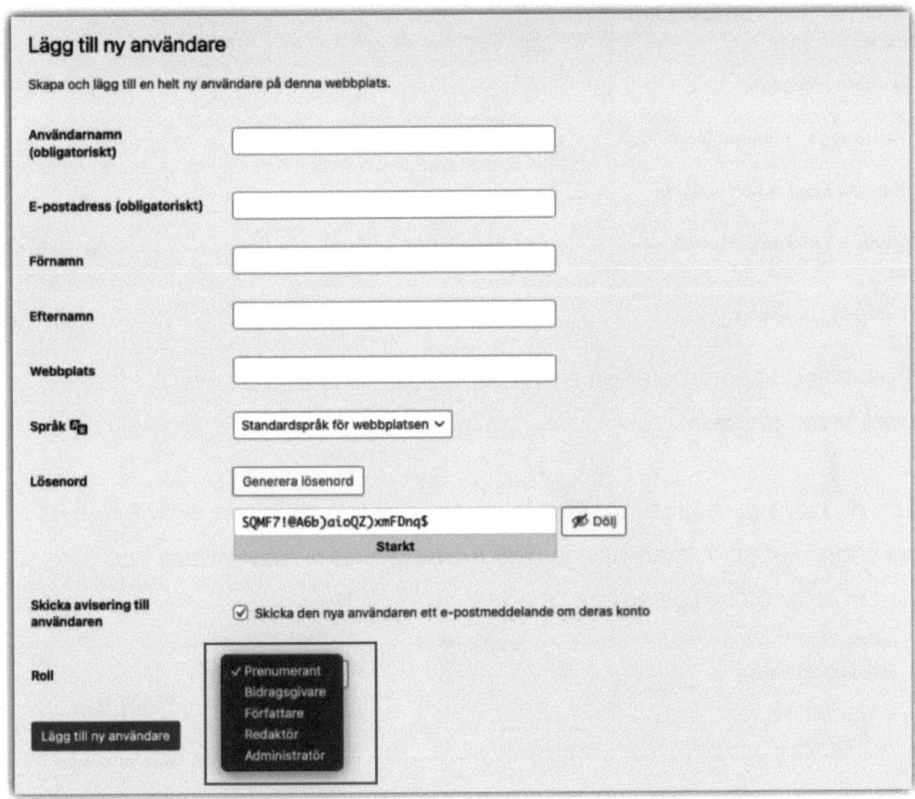

2. Tilldela en **roll** (behörigheter) till den nya användaren innan du lägger till dem.

Översikt över olika roller:

	Prenumerant	Bidragsgivare	Författare	Redaktör	Administratör
Läs inlägg	●	●	●	●	●
Kommentera inlägg	●	●	●	●	●
Ändra eller ta bort inlägg		●	●	●	●
Publicera inlägg			●	●	●
Ladda upp och hantera mediefiler			●	●	●
Redigera, ta bort eller publicera inlägg och sidor				●	●
Hantera kategorier				●	●
Hantering av kommentarer				●	●
Hantera plugins och widgets					●
Lägga till eller ta bort användare					●
Hantering av teman					●

Tips: När du samarbetar på en webbplats bör du noga överväga att definiera användarroller.

Om du har angett ett svagt lösenord under installationen av WordPress kan du ändra det genom att navigera till **Adminpanel > Användare** och välja din profil för att redigera den.

Kontohantering

Nytt lösenord

> Skapa nytt lösenord

Sessioner

> Logga ut på alla andra platser

Har du blivit av med din telefon eller glömde logga ut på en offentlig dat

---

WORDPRESS PLUGINS

Att bygga in ytterligare funktionalitet i WordPress sker bland annat med hjälp av plugins. Dessa kan ses som ytterligare program inom systemet. Om du tycker att något saknas i WordPress, t.ex. ett e-postformulär, ett galleri eller sökmotoroptimering, finns det sannolikt ett plugin som kan uppfylla det behovet.

Även om det finns många plugins tillgängliga är det viktigt att gå vidare klokt. Överbelasta inte din webbplats med plugins. Använd dem bara när det är nödvändigt; för många plugins kan orsaka konflikter och göra din webbplats långsammare. Dessutom ökar risken för att din webbplats äventyras genom ett plugin. Därför är det tillrådligt att noggrant undersöka ett plugin innan du installerar det.

Ladda plugin

För att ladda ner ett plugin, besök WordPress plugin repository på:

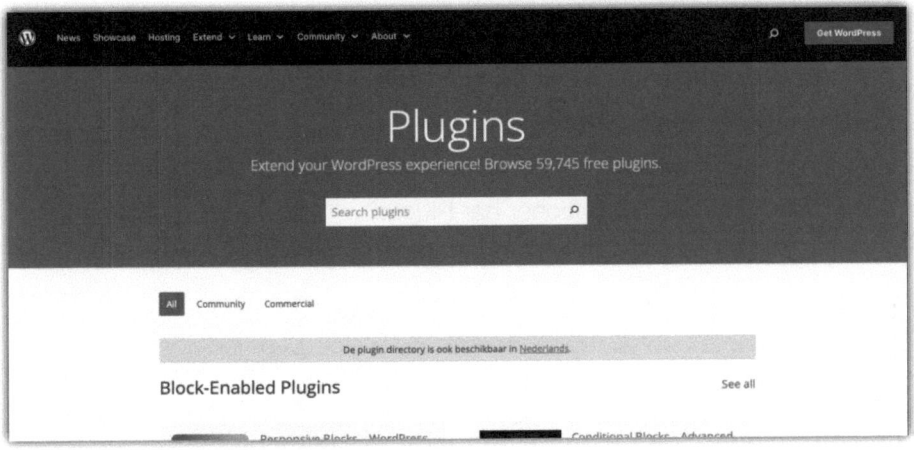

https://wordpress.org/plugins.

Rätt plugin

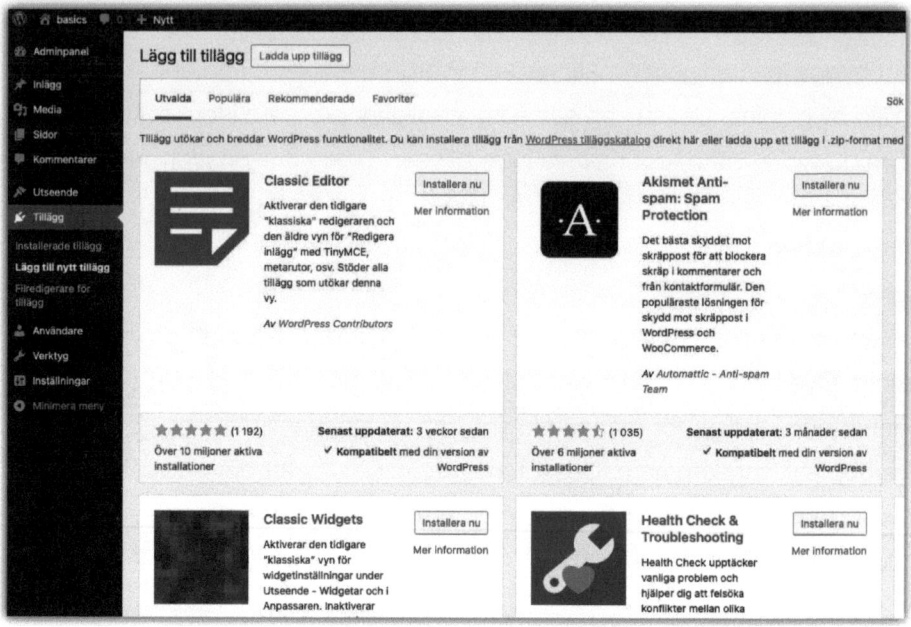

När du väljer ett plugin ska du noggrant granska dess information och ställa följande frågor:

> ▸ Har Plugin fått positiv feedback?
> ▸ Är plugin användarvänligt för både administratörer och besökare?
> ▸ Håller Plugin vad det lovar?
> ▸ Är Plugin kompatibelt med den aktuella versionen av WordPress?
> ▸ Hur många aktiva installationer har Plugin?
> ▸ Har webbplatsens prestanda påverkats efter att Plugin aktiverats?

Om ett plugin inte uppfyller dina förväntningar ska du omedelbart ta bort det och leta efter ett andra alternativ.

Installera plugin

Gå till **Adminpanel > Tillägg > Lägg till nytt tillägg**.

Skriv **Contact Form 7** i sökfältet. När plugin visas
klickar du på **Mer information** för att få ytterligare
information.

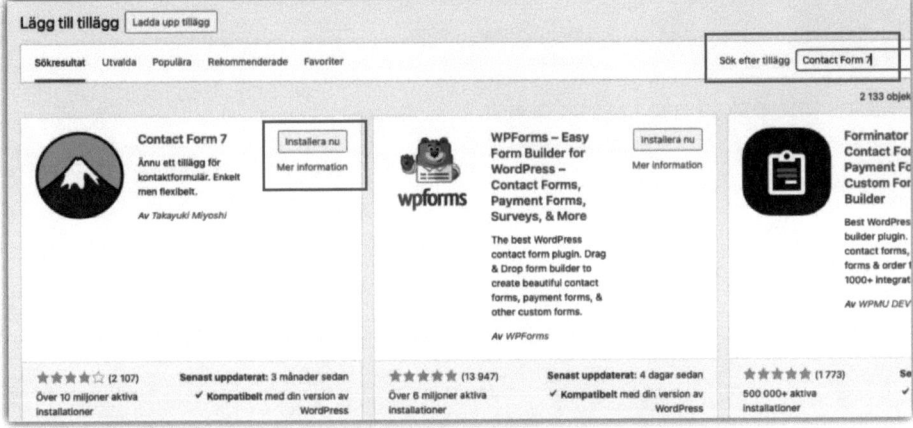

Klicka sedan på knappen **Installera nu**, följt av **Aktivera**.

Du kan visa installerade plugins genom att gå till **Adminpanel > Tillägg**.

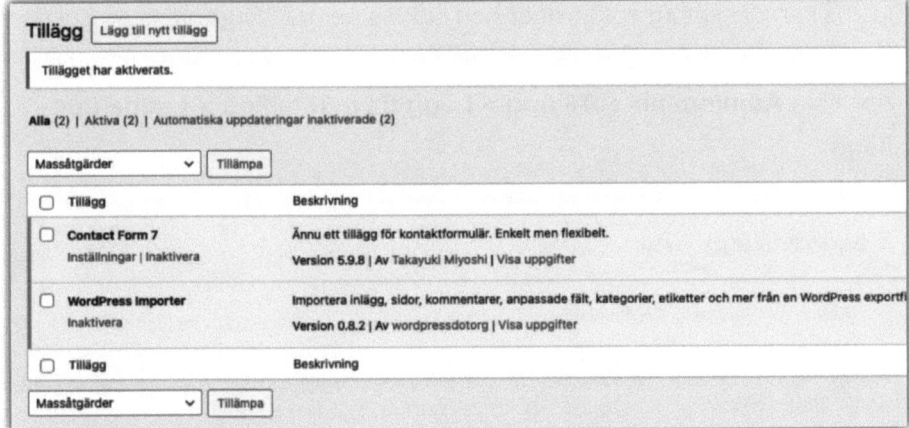

För att konfigurera plugin, besök **Adminpanel > Kontakt**. Detta avsnitt kommer att läggas till i din adminpanel, med information om anpassning och användning.

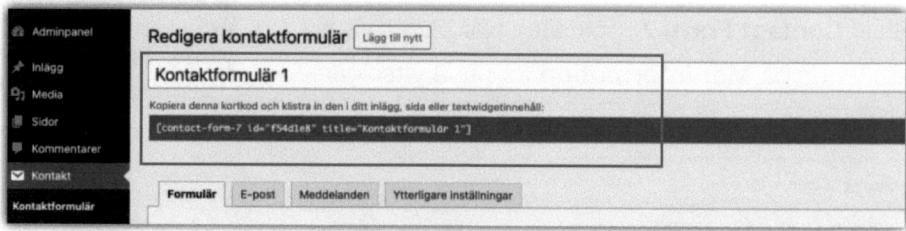

Plugins kan också nås i Block editor.

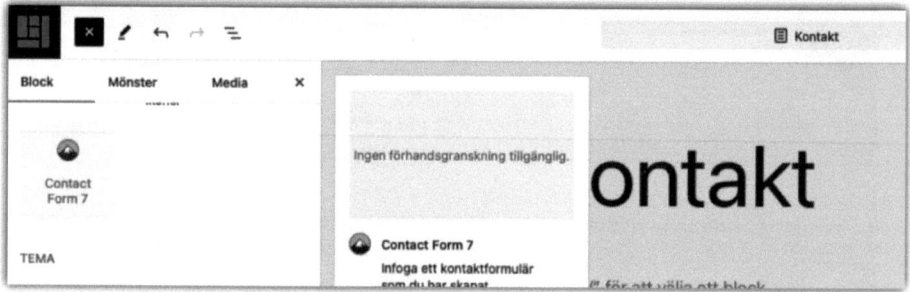

Navigera till en sida, klicka på ➕ ikonen, välj **Widgetar > Contact form 7**. Välj Contact Form 1 och klicka på **Spara** eller **Uppdatera**.

Plugins kan dessutom sökas efter och laddas ner från *wordpress.org/plugins*. Kom ihåg att installera det nedladdade plugin som en komprimerad (.zip) fil via **Adminpanel > Tillägg > Lägg till nytt tillägg > Ladda upp tillägg**.

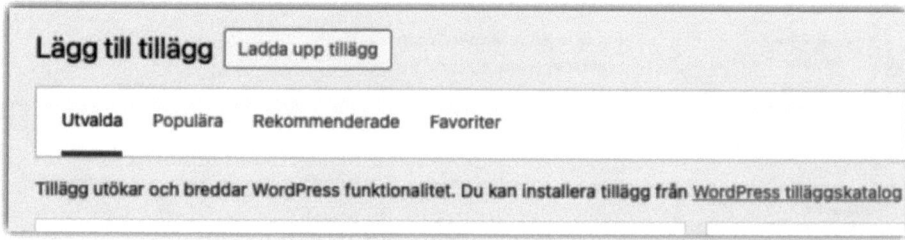

Om du vill ta bort ett plugin går du till **Adminpanel > Tillägg > Installerade tillägg**. Avaktivera ett plugin innan du **ta bort** det.

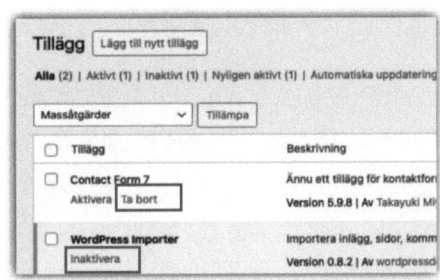

Contact Form 7 är ett praktiskt plugin, men om du behöver fler formulärfält bör du överväga att utforska andra alternativ. Avaktivera och ta bort Contact Form 7 för att förbereda dig för att skapa ett mer omfattande formulär i nästa kapitel.

Favorit plugins

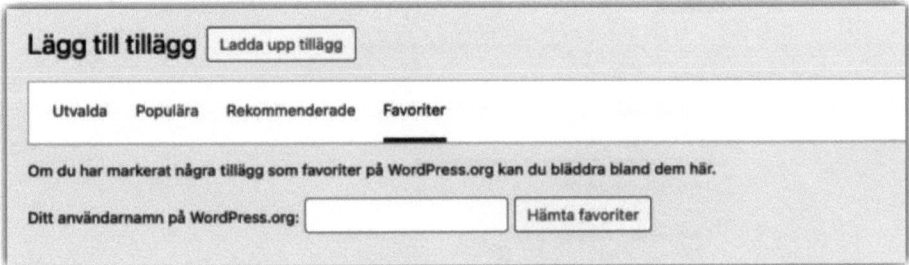

Om det finns plugins som du ofta använder kan du markera dem som **favoriter** på *WordPress.org*. På så sätt kan du snabbt hitta dem via **Adminpanel > Tillägg > Lägg till nytt tilläg > Favoriter**.

Se till att du har ett konto på WordPress.org för att få tillgång till den här funktionen: http://wordpress.org/support/register.php.

Håll utkik efter nästa kapitel, där jag presenterar några användbara plugins.

Akismet

WordPress levereras med plugin Akismet som standard. Om du aktiverar funktionen som gör det möjligt för besökare att kommentera inlägg, skyddar detta plugin din webbplats mot spamkommentarer. För att använda Akismet måste du aktivera plugin och få en API-nyckel, som kan begäras gratis.

För att begära en API-nyckel, besök: *https://akismet.com/plans*.
Välj **Get Personal** och fyll i de nödvändiga uppgifterna på nästa sida.
Justera **bidragsreglaget** till **noll** och klicka på **Fortsätt**.

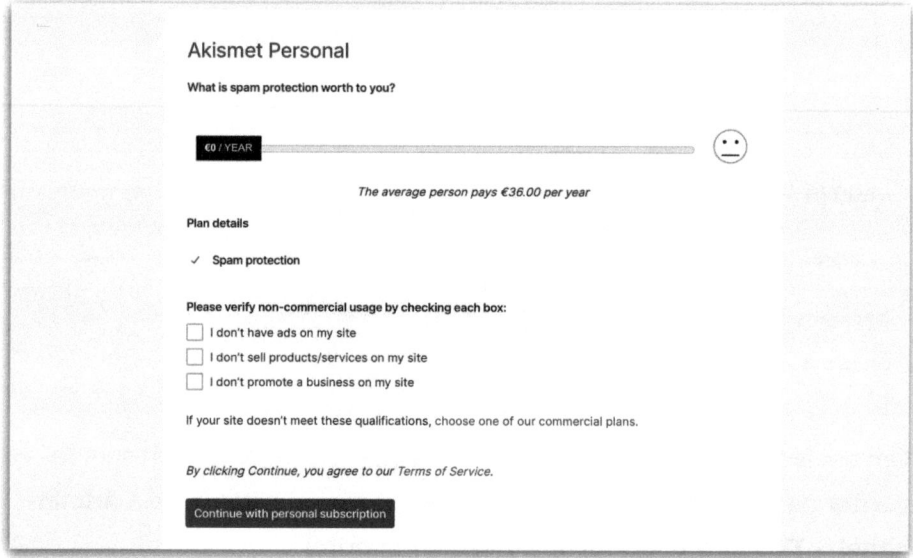

Din API-nyckel kommer att skickas till dig via e-post.

Aktivera Akismet och ange API-nyckeln: Gå till **Adminpanel > Tillägg** och **installera** och **aktivera** plugin Akismet. Konfigurera ditt Akismet-konto genom att ange **API**-key i det angivna fönstret. Klicka på knappen **Connect** för att slutföra installationsprocessen.

Under construction

Detta plugin gör det möjligt för dig att skydda din webbplats från allmän visning, så att endast inloggade användare kan komma åt den. Valet av ett Under Construction-plugin bör överväga dess betyg, användbarhet och antal nedladdningar.

Som ett exempel, låt oss prova **LightStart - Maintenance Mode** plugin.

Installera

1. Gå till **Adminpanel > Tillägg > Lägg till nytt plugin**.
2. I sökfältet skriver du *LightStart - Maintenance Mode*.
3. **Installera och aktivera plugin**.

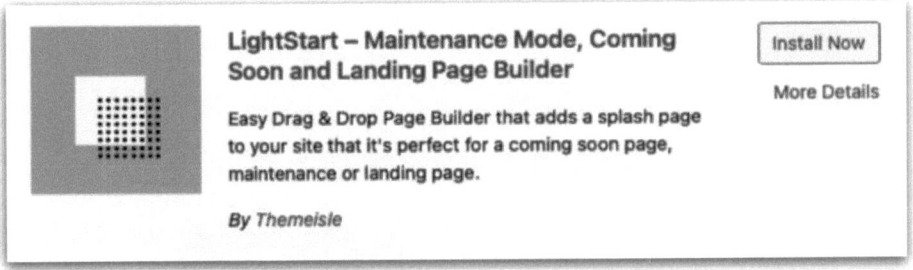

När du har aktiverat plugin kan du välja en gratis mall och konfigurera dess inställningar.

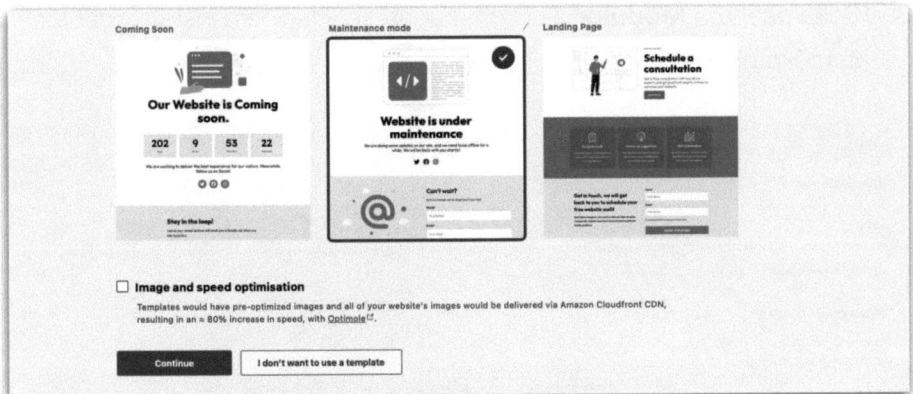

Användning

När du har valt en mall visas inställningarna.

Dessa hittar du under **Adminpanel > LightStart**.

1. På fliken **General** väljer du **Status - Activated/Deactivated**.

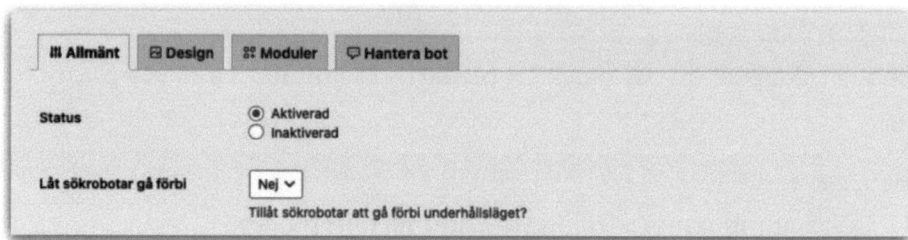

2. Under fliken **Design** kan du redigera sidan eller välja en annan mall.

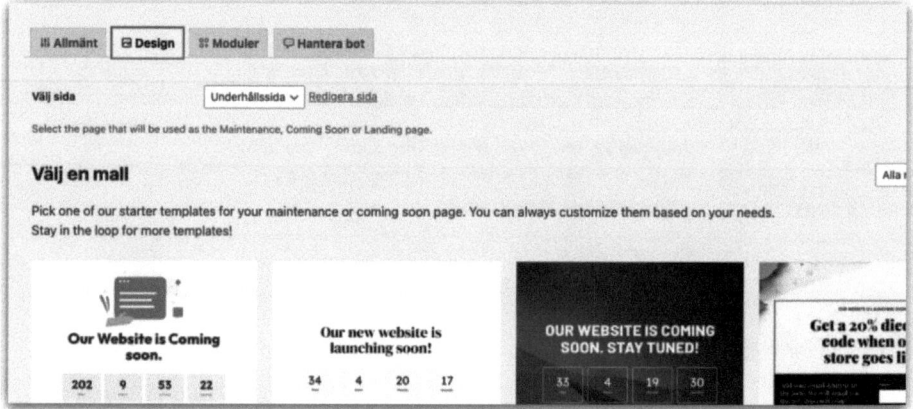

3. Klicka på fliken **Moduler**. Du kommer att se ytterligare inställningar för att utöka plugin.

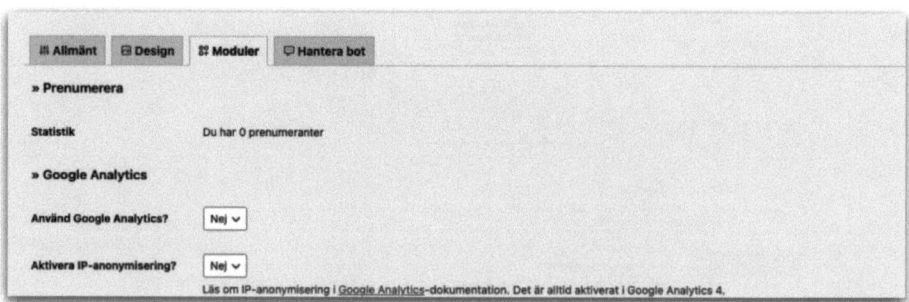

4. Klicka på fliken **Hantera bot**. Detta ställer in samtalssteg för att begära e-postadresser. Välj **Status - Aktiverad**.

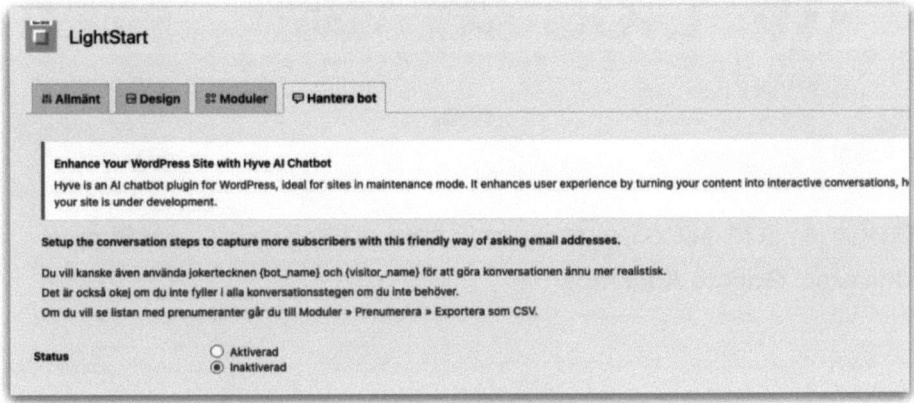

Klicka sedan på knappen **Spara inställningar**.

5. Visa din webbplats i en **annan webbläsare**.

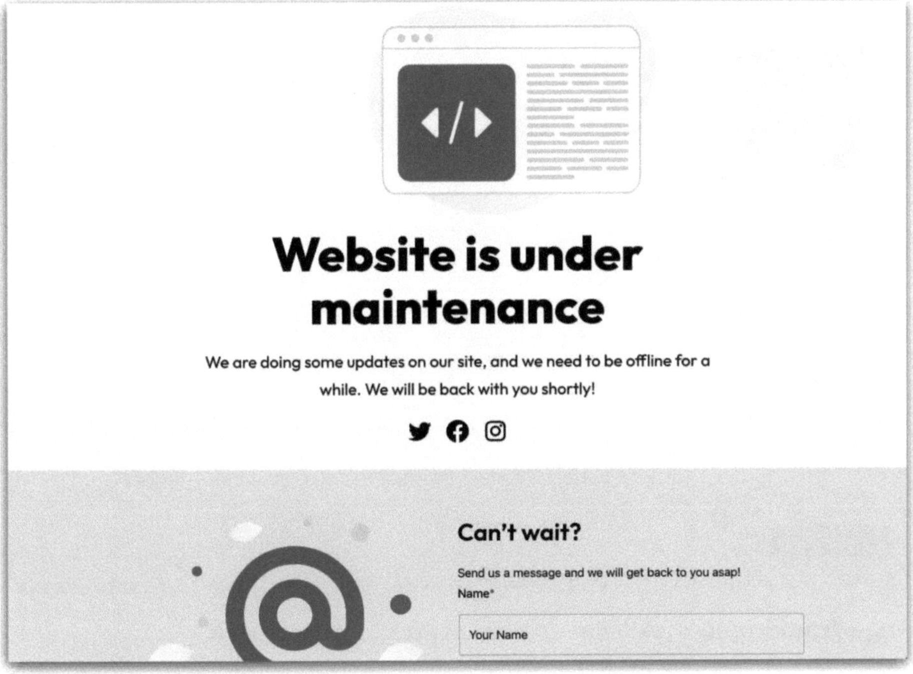

Website is under maintenance

We are doing some updates on our site, and we need to be offline for a while. We will be back with you shortly!

Can't wait?

Send us a message and we will get back to you asap!

Name*

Your Name

Google analytics

Du kan lägga till en Google Analytics Tracking ID-kod med Plugin **Simple Universal Google Analytics**.

Installera

1. Gå till **Adminpanel > Tillägg > Lägg till nytt plugin**.
2. I sökfältet skriver du *Simple Universal Google Analytics*.
3. **Installera** och **aktivera** plugin.

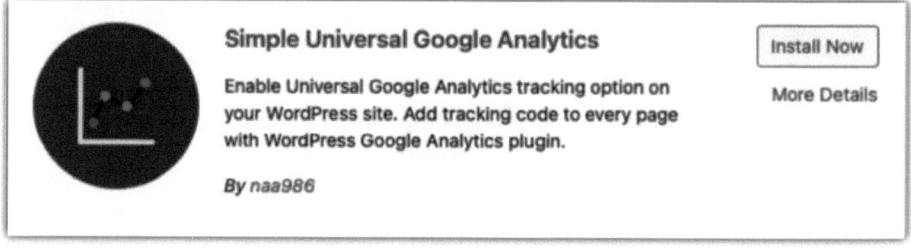

Användning

Gå till **Adminpanel > Inställningar > Google Analytics**.

General Settings	
Tracking ID	UA-35118216-1
	Enter your Google Analytics Tracking ID for this website (e.g UA-35118216-1).
Save Changes	

Ange **Tracking ID** i textfältet och klicka på knappen **Spara**.

Formulär

Om du vill ha ett enkelt formulär kan du använda Contact Form 7. Men om du behöver ytterligare fält kan du överväga att använda wpforms plugin.

Installera

Gå till **Adminpanel > Tillägg > Lägg till nytt plugin**.

I sökfältet skriver du: wpforms. **Installera** och **aktivera** plugin.

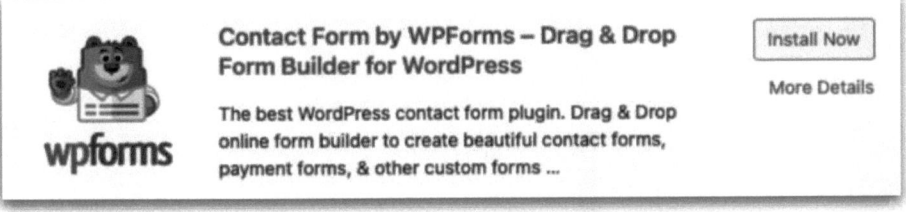

Användning

Gå till **Adminpanel > WPForms > Lägg till ny**.

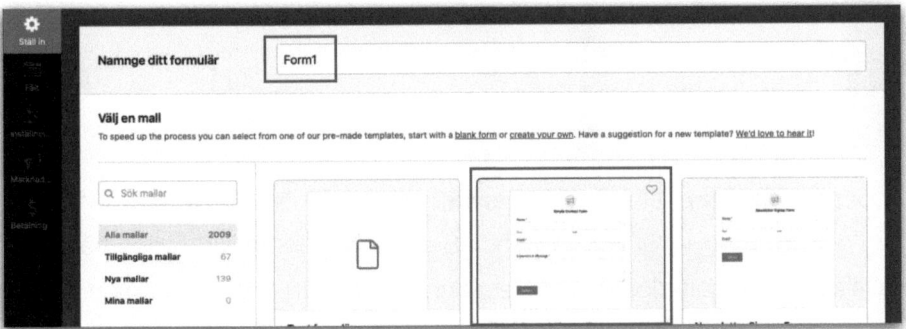

Ange formulärnamnet som **Form1** och välj Enkelt **kontaktformulär**.

När du har skapat formuläret kan du lägga till ytterligare fält efter behov.
Klicka på knappen **Checkboxar**.

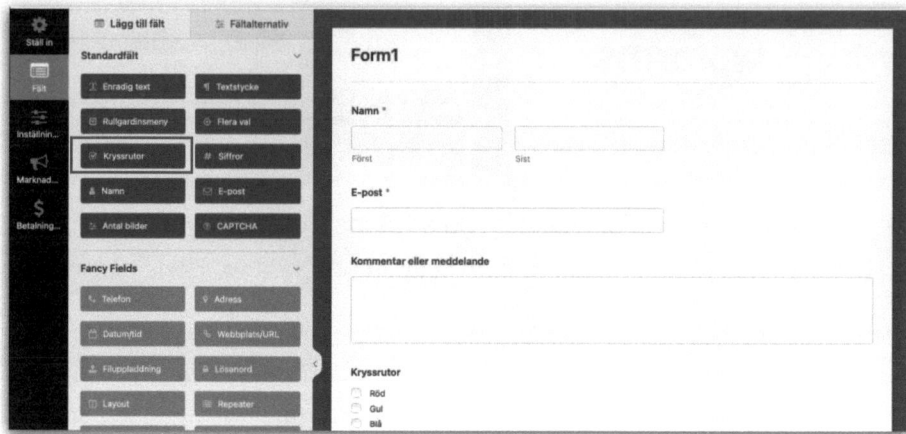

Markera **kryssrutor** från formuläret.

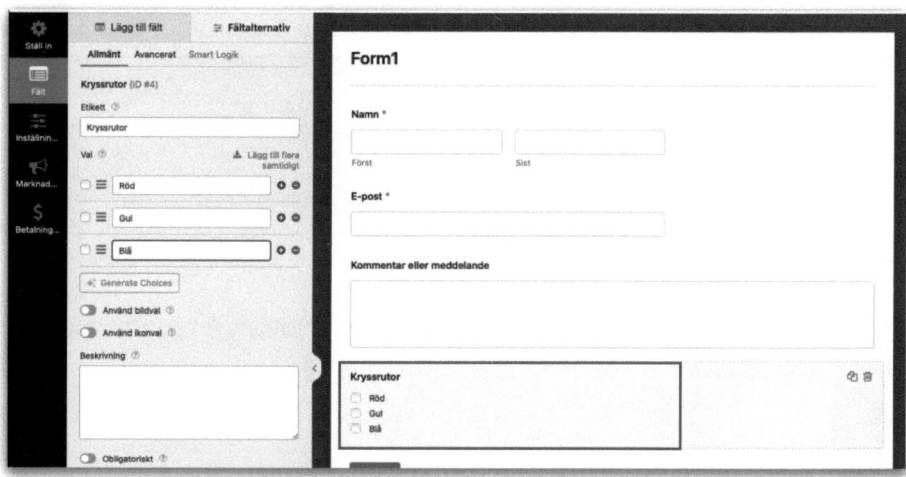

Anpassa **etiketten** (titeln) och **alternativen**. I det här fallet är titeln Favorit-
färg och alternativen är *Röd*, *Gul* och *Blå*. Du kan ändra ordningen på
valfälten genom att plocka upp dem och dra dem till önskad position. Gå
längst upp till höger och klicka på knappen **Spara** och sedan på **korset**
(längst upp till höger).

Gå till **Adminpanel > Sidor - Kontakt** och klicka på ➕ ikonen.

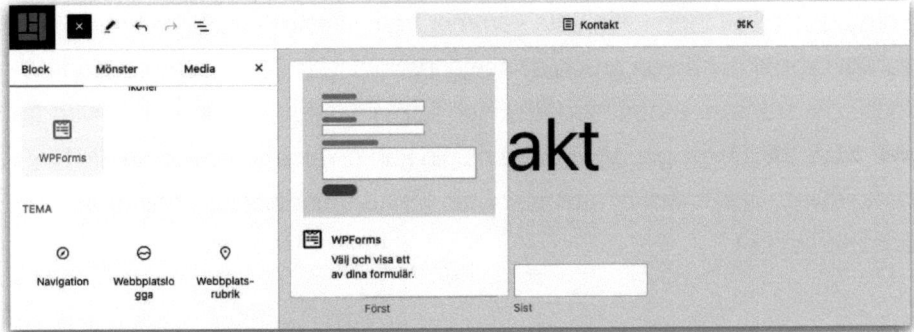

Gå till **Block > WIDGETS > WPForms** och välj **Form1**.

Klicka på knappen **Spara** eller **uppdatera** och visa din sida.

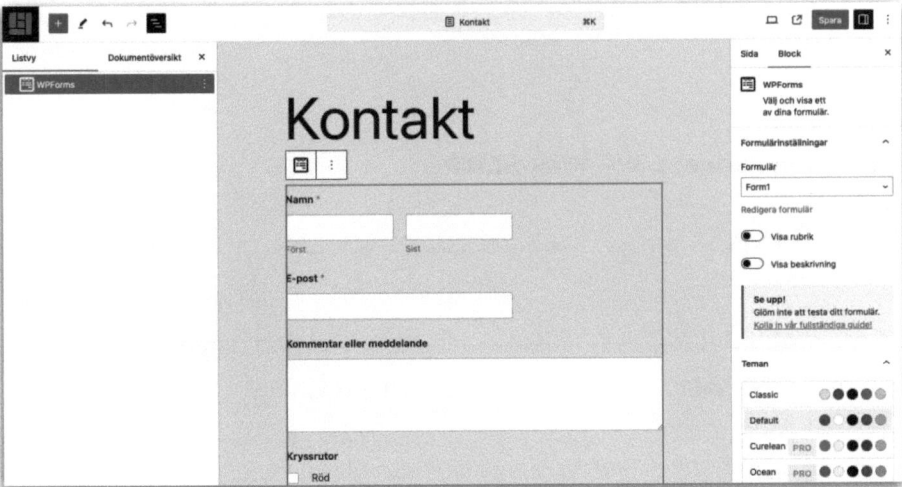

175

Formulärmeddelanden kommer inte fram

Formulärmeddelanden som inte kommer fram i WordPress kan vara ett vanligt problem, ofta på grund av serverinställningar. För att säkerställa tillförlitlig leverans av e-postmeddelanden från din webbplats kan du använda **WP Mail SMTP**-plugin. Med detta plugin kan du skicka e-post via SMTP-protokollet, vilket minskar sannolikheten för att meddelanden markeras som skräppost.

Installera

1. Gå till **Adminpanel > Tillägg > Lägg till nytt tillägg**.
2. Skriv *WP Mail SMTP* i sökfältet.
3. **Installera** och **aktivera** plugin.

WP Mail SMTP by WPForms – The Most Popular SMTP and Email Log Plugin

Make email delivery easy for WordPress. Connect with SMTP, Gmail, Outlook, SendGrid, Mailgun, SES, Zoho, + more. Rated #1 WordPress SMTP Email plugin.

By WP Mail SMTP

Install Now

More Details

Användning

Gå till **Adminpanel > WP-Mail-SMTP**.

Allmänt	E-postlogg	Varningar	Ytterligare anslutningar	Smart Routing	E-postkontroller	Diverse

På fliken **Allmänt** väljer du ett Mailer-alternativ. Använd den e-postadress och de SMTP-data som tillhandahålls av ditt webbhotell.

1. **Från e-post**: e-postadress och avsändarnamn.

2. **E-postleverantör**: välj Annan SMTP-tjänst.

3. **Övrig SMTP**: t.ex. smtp.-domännamn.com.

   Kryptering - Ingen.

   Autentisering - PÅ.

   SMPT-användarnamn och **lösenord**.

Klicka på **Spara inställningar** för att tillämpa ändringarna.

Genom att använda WP Mail SMTP kan du se till att formulärmeddelanden levereras till dina besökare på ett tillförlitligt sätt utan att markeras som skräppost.

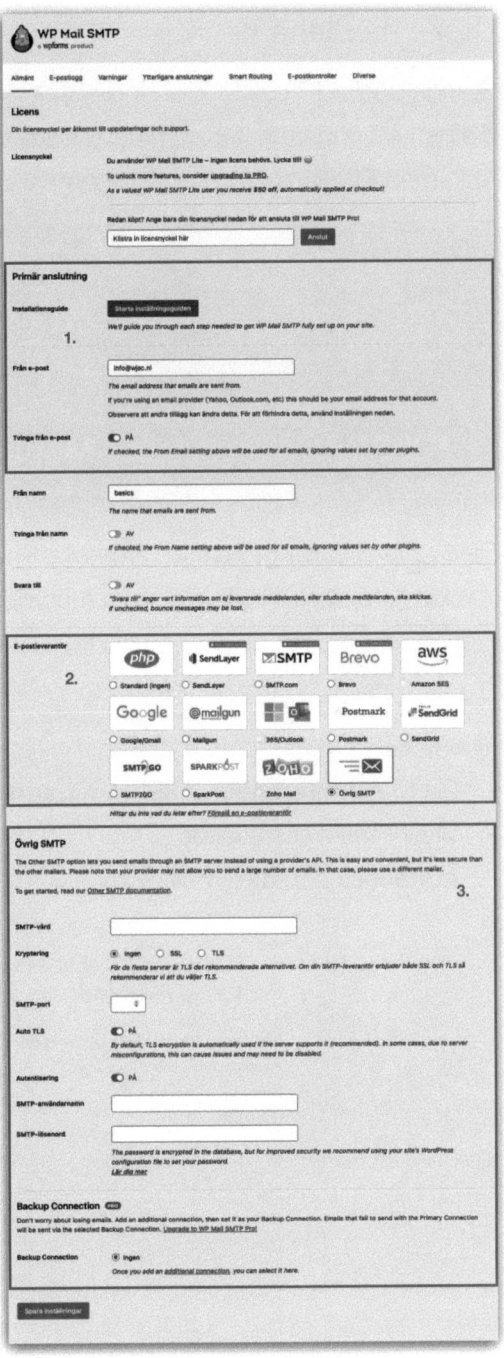

Utöka mediehanteringen

Standard WordPress Media Library saknar en mappstruktur, visar alla mediefiler i ett enda fönster och tillåter endast urval efter filtyp.
Men med **FileBird**-plugin kan du organisera filer i mappar.

FileBird är tillgängligt som ett Freemium-plugin, vilket innebär att en gratisversion (Lite) finns tillgänglig, men med begränsade funktioner. Lite-versionen gör det möjligt att skapa upp till 10 mappar.

Installera

1. Gå till **Adminpanel > Tillägg > Lägg till nytt plugin**.
2. Skriv *FileBird* i sökfältet.
3. **Installera** och **aktivera** plugin.

FileBird – WordPress Media Library Folders & File Manager

Install Now

More Details

Organize thousands of WordPress media files in folders / categories with ease.

By Ninja Team

Användning

Gå till **Adminpanel > Media > Bibliotek**.

Klicka på knappen **+ Ny mapp** för att skapa en mapp.

Dra och **släpp** bilder i den nyskapade mappen.

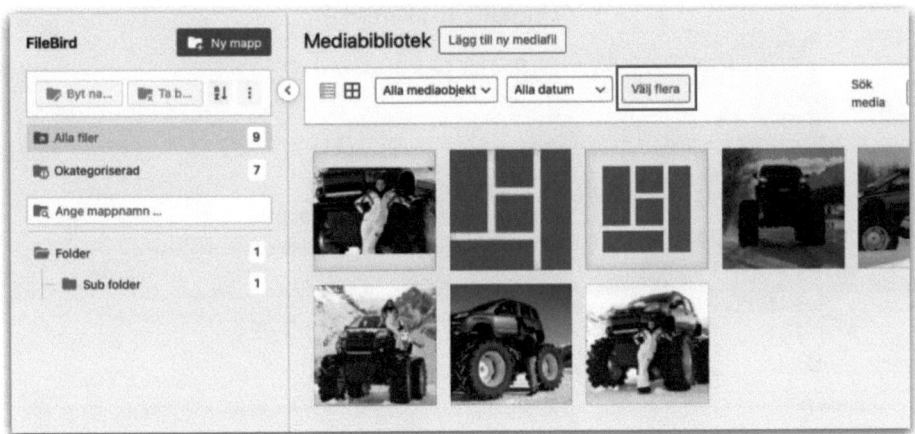

Använd knappen **Välj flera** för att flytta flera bilder till en mapp samtidigt.

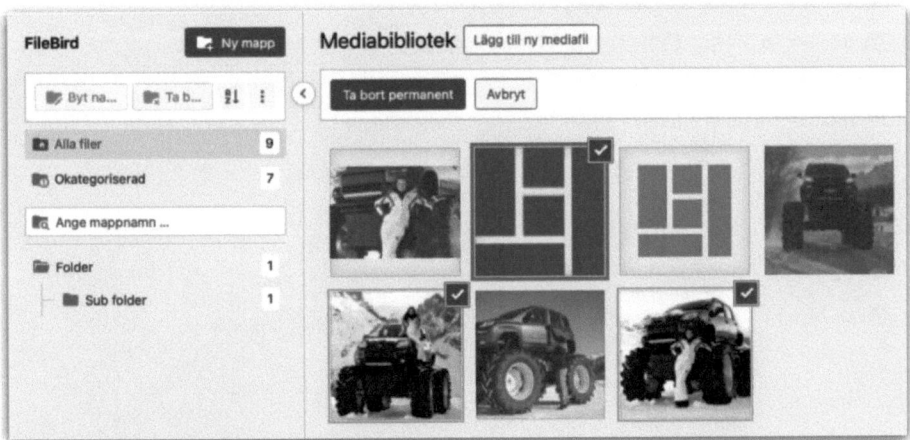

Det är enkelt att skapa **undermappar**: skapa en ny mapp och dra den till en befintlig mapp. Om du vill ta bort en fil från en mapp markerar du mappen och drar filen till en annan mapp eller till **Ingen kategori**.

Lite-versionen av FileBird gör det möjligt att skapa 10 mappar. Om du behöver fler mappar måste du uppgradera till Pro-versionen, tillgänglig för $ 39.

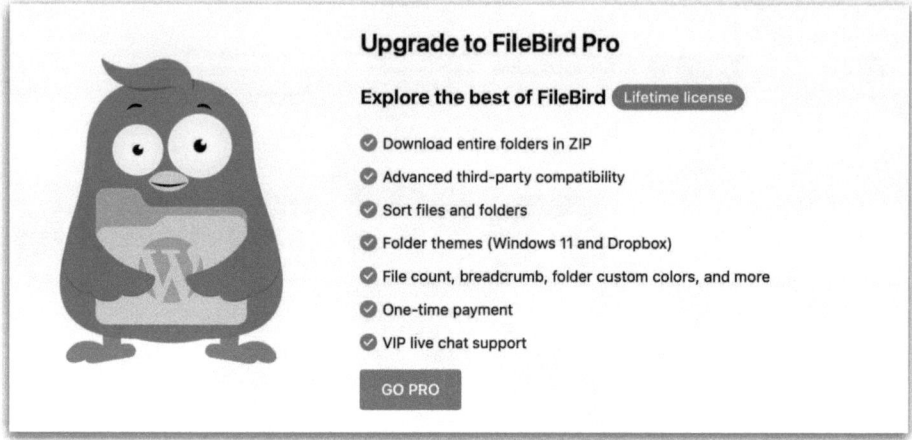

För mer information och för att uppgradera, besök:

ninjateam.org/wordpress-media-library-folders.

Galleri förlängning

Om du har skapat ett vanligt WordPress-galleri kan du förbättra dess funktionalitet genom att använda plugin **Simple Lightbox**, som lägger till en Lightbox-effekt i ditt galleri. Denna effekt gör det möjligt för användare att klicka på en bild i galleriet för att visa en förstorad version. Dessutom fungerar galleriet som en karusell-slider.

Installera

1. Gå till **Adminpanel > Tillägg > Lägg till nytt plugin**.
2. Skriv *Simple Lightbox* i sökfältet.
3. **Installera** och **aktivera** plugin.

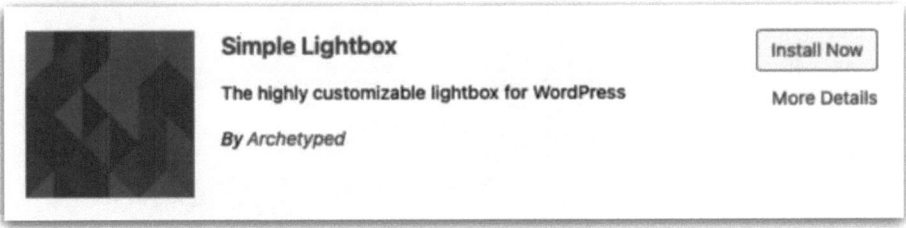

Du aktiverar Lightbox-effekten i ett galleri genom att navigera till en sida som innehåller ett Galleri-block (se kapitlet *Galleri*). Simple Lightbox fungerar också med bilder, knappar och länkar, vilket ger en förbättrad visningsupplevelse för olika typer av media.

Välj **Galleri**-blocket, i **Blockinställningar** (högerkolumnen), se till att varje bild i galleriet hänvisar till en **Media-fil**.

När du har gjort dessa justeringar, kom ihåg att klicka på knappen **Up-pdatera** och sedan visa din webbplats för att se ändringarna.

För ytterligare inställningar, gå till **Adminpanel > Utseende > Lightbox**.

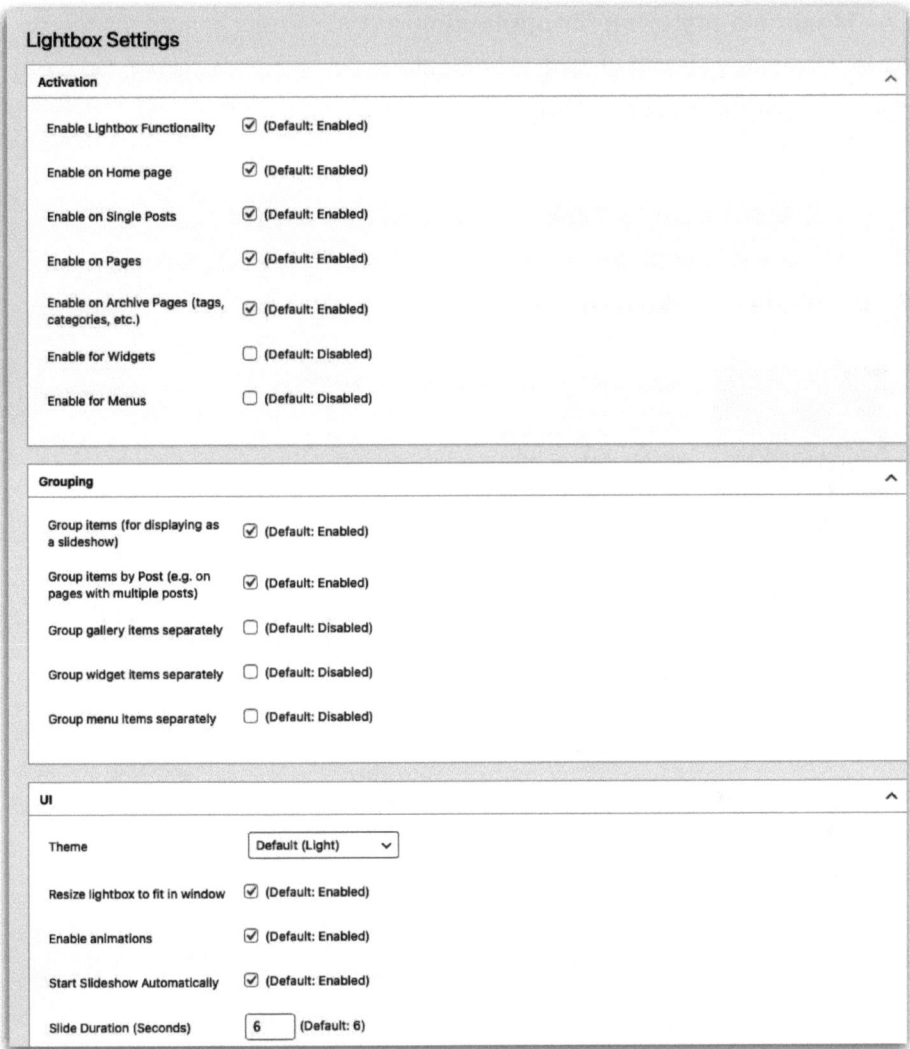

Bläddra längst ner på sidan, där du kan översätta **etiketter** efter behov.

När du är klar, glöm inte att klicka på knappen **Spara ändringar** för att tillämpa dina inställningar.

Öka uppladdningsstorleken

Den **Maximala filstorlek för uppladdning** i WordPress är som standard 8 MB, vilket kanske inte är tillräckligt för större filer som t.ex. filmer. Du kan dock öka denna gräns med hjälp av ett plugin.

Installera

1. Gå till **Adminpanel > Tillägg > Lägg till nytt plugin**.
2. I sökfältet skriver du *Increase Maximum Upload File Size* (Imagify).
3. **Installera** och **aktivera** plugin.

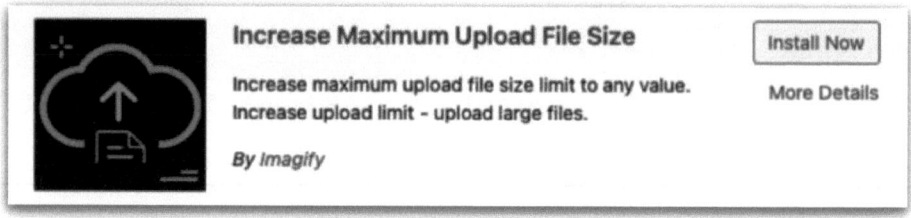

Användning

Gå till **Adminpanel > inställningar > Increase Maximum Upload File Size**. Välj önskat värde, t.ex. **64 MB**.

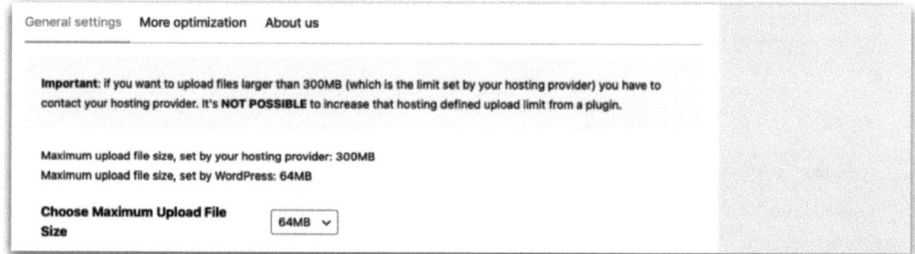

Klicka på knappen **Spara ändringar** och verifiera den uppdaterade uppladdningsstorleken.

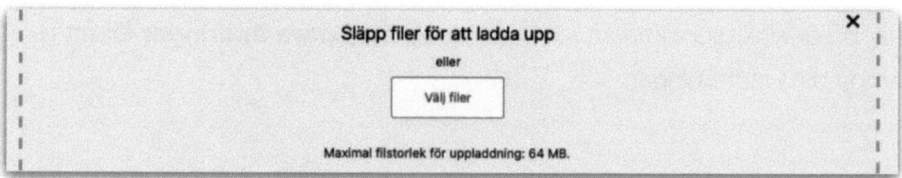

Anpassade sidofält

Användare har ofta frågor om hur man använder olika sidofält. Pluginet *Custom Sidebars* tillgodoser detta behov genom att låta dig skapa flera sidofält med olika uppsättningar widgets.

Notera: Plugin är inte kompatibelt med Gutenberg Widget Block Editor. Därför är det lämpligt att installera plugin **Classic Widgets** (från WordPress Contributors) innan du använder Custom Sidebars.

> 🔥 **IMPORTANT** 🔥
>
> Custom Sidebars plugin is NOT compatible with the new widgets edit screen (powered by Gutenberg). Install the official <u>Classic Widgets</u> plugin if you want to continue using it.

Installera

Gå till **Adminpanel > Tillägg > Lägg till nytt plugin**. Skriv *Widget Block Editor* i sökfältet. **Installera** och **aktivera** plugin. **Installera** och **aktivera** sedan plugin *Custom Sidebars*.

Användning

Gå till **Adminpanel > Utseende > Widgetar**.

Klicka på **+ Create a new sidebar**.

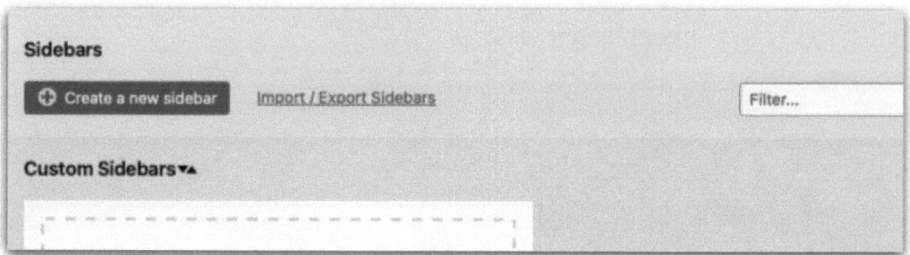

Ange ett **namn** och en **beskrivning** för det nya sidofältet.

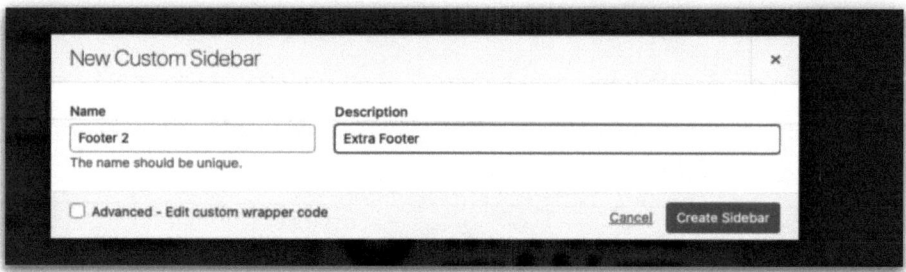

Klicka sedan på knappen **Create Sidebar**.

Lägg till önskade widgetar i det nyskapade sidofältet, t.ex. **Footer 2**.

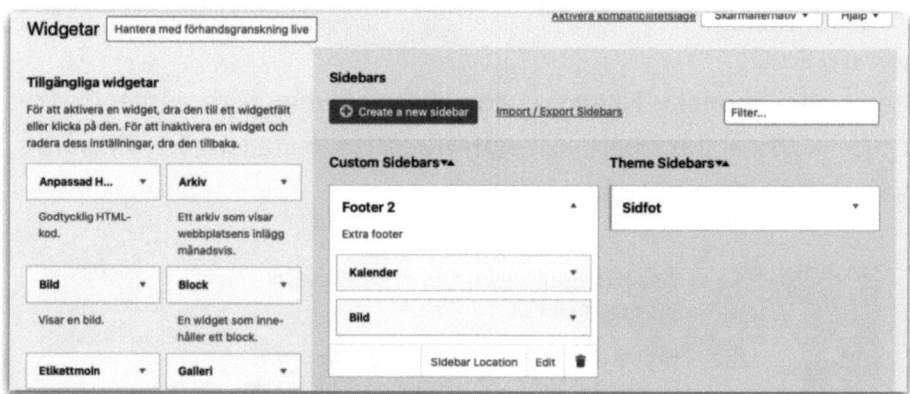

Du behöver inte spara ändringarna.

Gå till **Adminpanel > Sidor** och välj en sida som ska kopplas till det nya sidofältet. I avsnittet Sidofält väljer du **Footer 2**.
Klicka på knappen **Uppdatera** för att spara ändringarna.

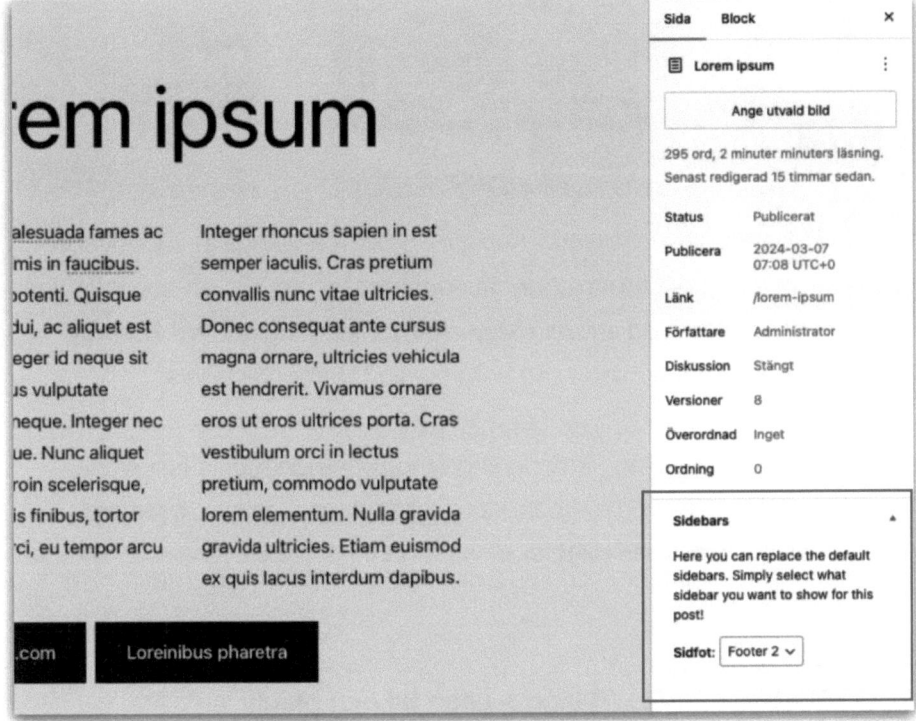

Se till att sidan ingår i menyn. Visa webbplatsen och klicka på motsvarande menyalternativ för att se det nya sidofältet i aktion.

Anpassade headers

Du kan förbättra din webbplats ytterligare genom att lägga in olika header-bilder, förutsatt att ditt tema stöder headeranpassning. För att använda den här funktionen måste du aktivera **Maxwell**-temat. Pluginet **WP Display Header** fungerar på liknande sätt som plugin *Custom Sidebars*.

Från en sida eller ett inlägg kan du ange motsvarande rubrik. När sidan laddas kommer sidhuvudet att ändras i enlighet med detta. Observera dock att plugin inte är lämpligt för blockteman.

Installera

1. Gå till **Adminpanel > Tillägg > Lägg till nytt plugin**.
2. Skriv *WP Display Header* i sökfältet.
3. **Installera** och **aktivera** plugin.

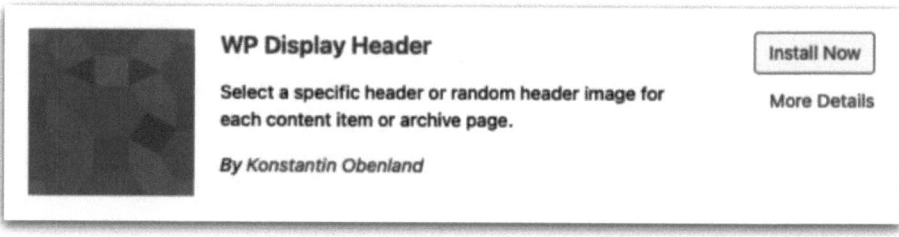

Viktigt: Se till att du har aktiverat ett klassiskt tema som stöder anpassade rubriker.

Importera nya headers

Gå till **Adminpanel > Media**. Klicka på **Lägg till ny mediefil**.

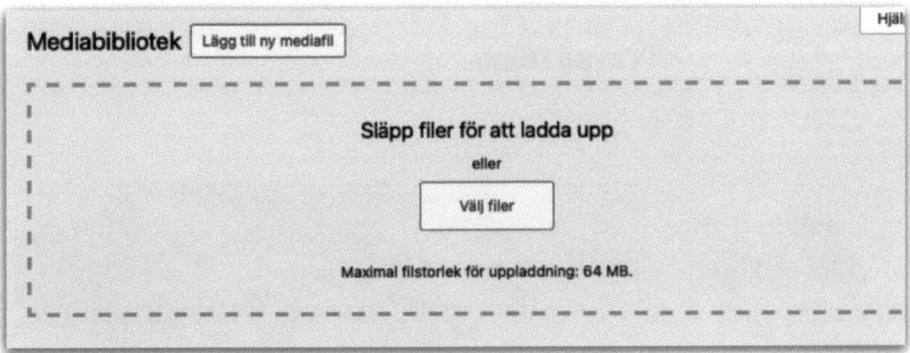

Importera flera headerbilder.

Tips: Se till att alla sidhuvudbilder har samma höjd.

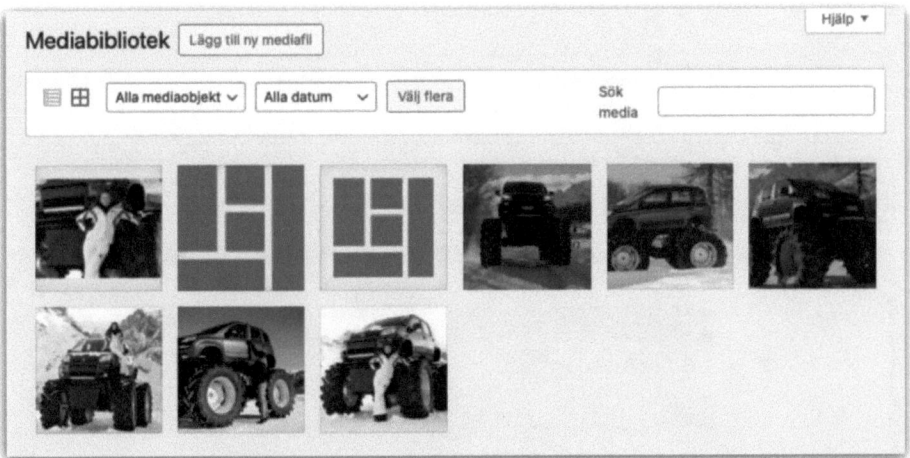

Maxwell-temat specificerar att en header ska vara 1200 × 400 pixlar.

Efter uppladdning kan du fortfarande beskära en bild för att säkerställa en perfekt passform.

Gå till **Adminpanel > Utseende > Sidhuvud**.

Klicka på **Lägg till nya bilder** och välj din nya header-bild.

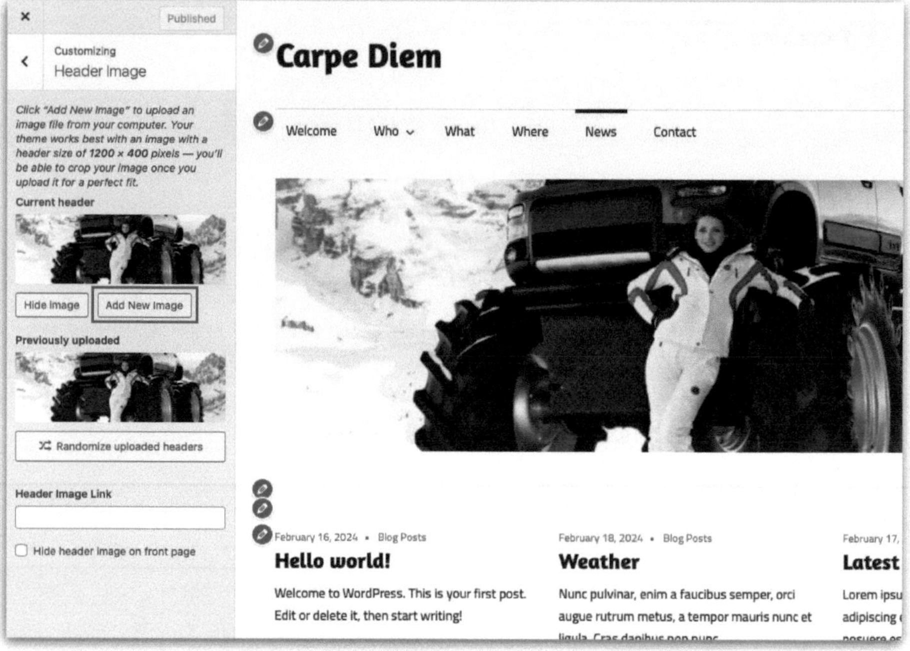

Om det behövs kan du beskära headerbilden.

I så fall klickar du på knappen **Beskär bild**. De nyligen tillagda rubrikerna visas i den vänstra kolumnen. Dessutom har du möjlighet att ange en ny bild som standardrubrik genom att välja den. Du kan också välja att låta dina rubriker visas slumpmässigt. När du är nöjd med ditt val klickar du på knappen **Publicera**.

Tillämpa

Gå till **Adminpanel > Sidor**. Klicka på önskad sida. I avsnittet **Header** längst ned på sidan väljer du motsvarande rubrik.

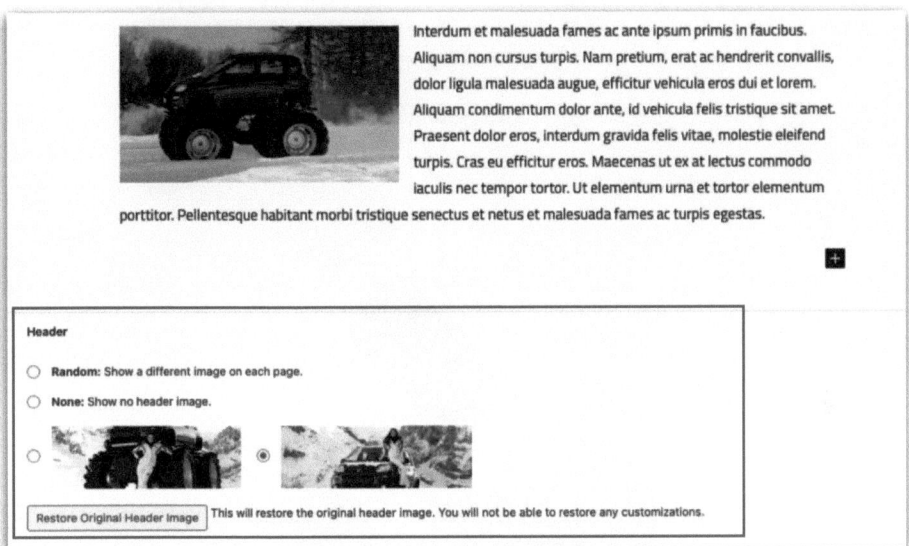

Klicka sedan på knappen **Uppdatera**. Om sidan ingår i menyn kommer den nya rubriken att visas när en besökare klickar på den.

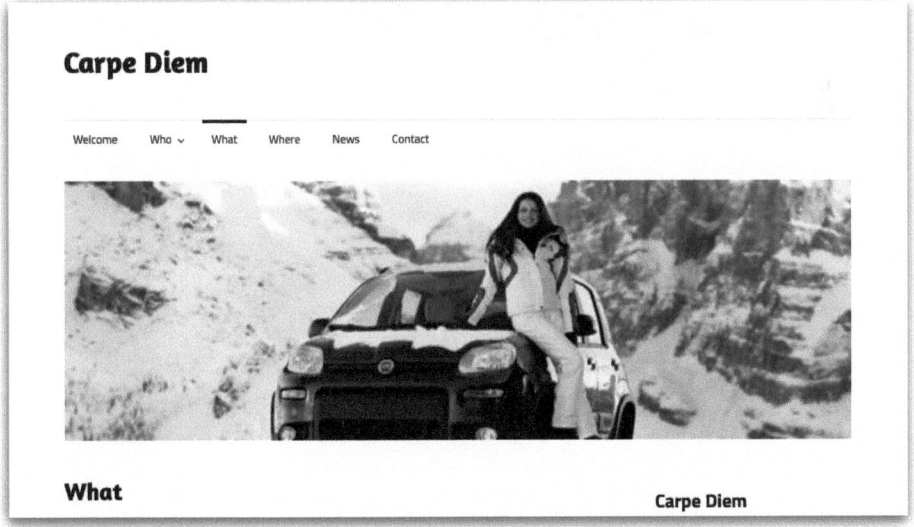

BACKUP

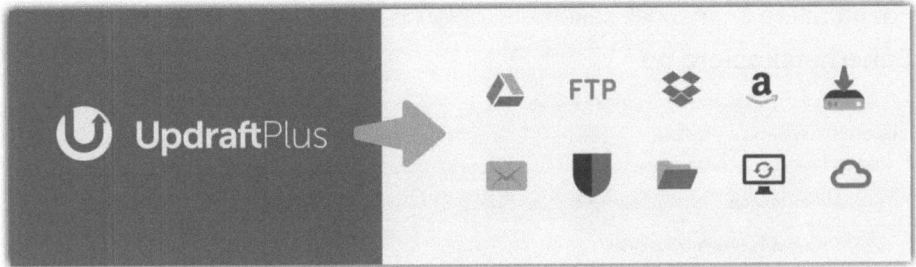

Webbhotell erbjuder vanligtvis regelbundna säkerhetskopior av webbplatsen, men om du föredrar att inte förlita dig enbart på detta kan du använda **UpdraftPlus WordPress Backup** plugin. Med detta plugin kan du enkelt och snabbt skapa säkerhetskopior på dina egna villkor och bekvämt återgå till tidigare sparade versioner om det behövs.

Med hjälp av plugins inställningar har du möjlighet att välja var du vill lagra dina säkerhetskopior, oavsett om det är i molnet eller på din dator.

Installera

1. Gå till **Adminpanel > Tillägg > Lägg till nytt plugin**.
2. Ange *UpdraftPlus WordPress Backup* i sökfältet.
3. **Installera** och **aktivera** plugin.

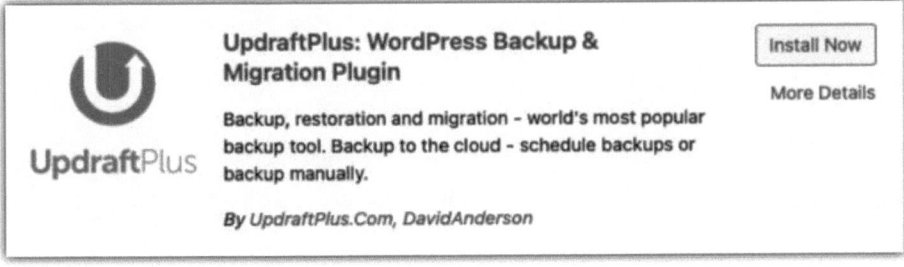

Användning

Gå till **Adminpanel > UpdraftPlus**.

För att utföra en manuell säkerhetskopiering klickar du på knappen
Säkerhetskopiera nu.

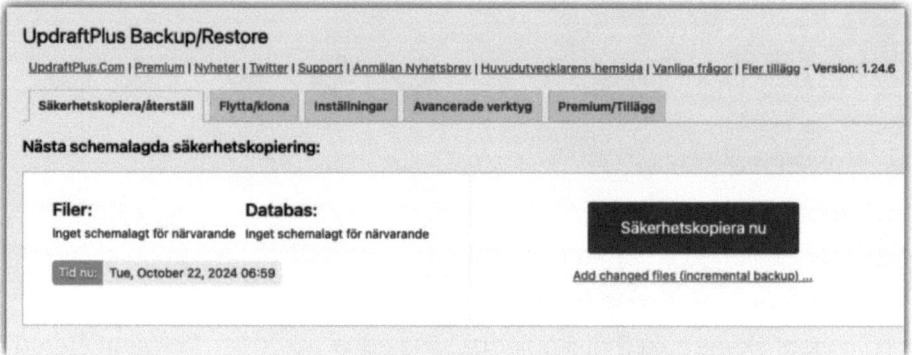

Ett popup-fönster visas som anger att en säkerhetskopia av din databas
och WordPress-filer pågår. Du kan välja att ställa in manuell radering för
denna säkerhetskopia.

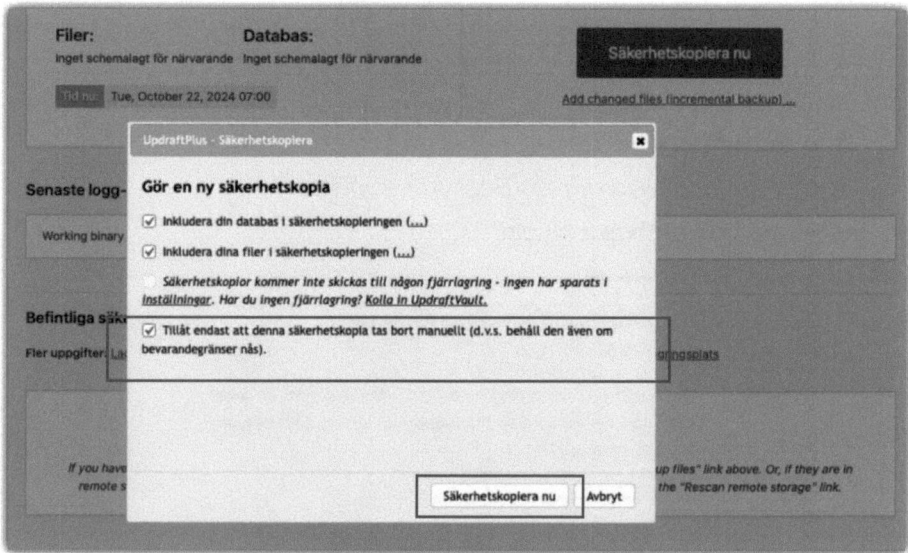

Klicka på knappen **Säkerhetskopiera nu** för att starta processen.

Din säkerhetskopia är nu sparad. Om du behöver återställa till en tidigare version använder du bara knappen **Återställ**.

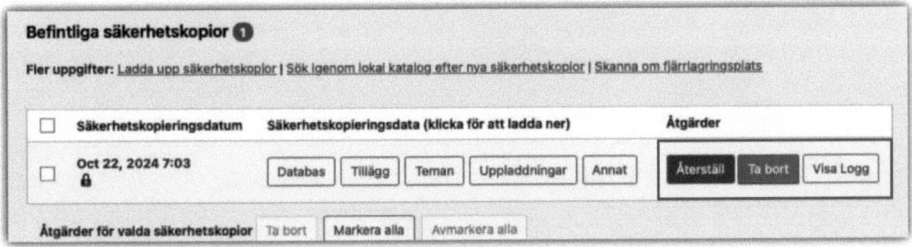

Om du föredrar att spara din säkerhetskopia lokalt eller i molnet går du till fliken **Inställningar**. Här kan du ange platsen för din nästa säkerhetskopia.

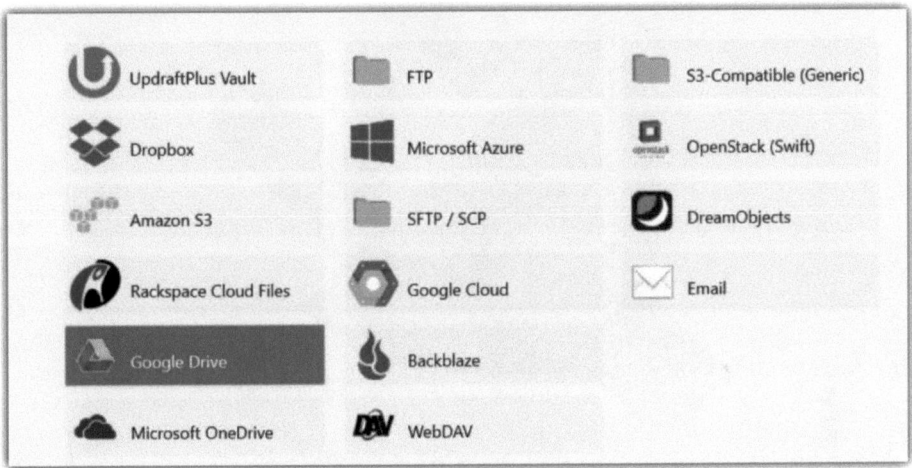

Observera att den kostnadsfria versionen endast stöder manuella säkerhetskopior. Om du vill ha automatiska säkerhetskopior och ytterligare funktioner kan du överväga att uppgradera till Premium-versionen. För mer information, besök: *https://updraftplus.com*.

SÄKER WEBBPLATS

WordPress är i allmänhet en säker och väl testad plattform. Det kan dock förekomma enstaka hackningsincidenter, ofta orsakade av säkerhetsproblem hos webbhotell, sårbarheter i plugins, svaga inloggningsuppgifter eller föråldrade WordPress-versioner.

För att förbättra säkerheten på din webbplats kan du använda **Solid Security**, ett plugin som är utformat för att åtgärda potentiella säkerhetshål, hindra automatiserade attacker och stärka inloggningsprocessen.

Installera

1. Gå till **Adminpanel > Tillägg > Lägg till nytt plugin**.
2. Sök efter *Solid Security* i sökfältet.
3. **Installera** och **aktivera** plugin.

Gå till **Adminpanel > Security**. Följ konfigurationsprocessen för att säkra din webbplats. Välj de alternativ som bäst passar webbplatsens behov.

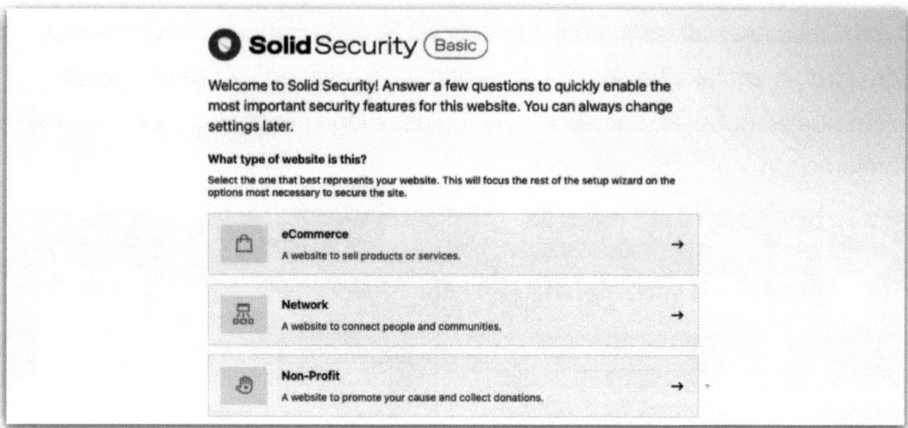

Svara på några frågor för att aktivera viktiga säkerhetsfunktioner som är skräddarsydda för din webbplats. När du är konfigurerad ser du en översikt över dina säkerhetsinställningar.

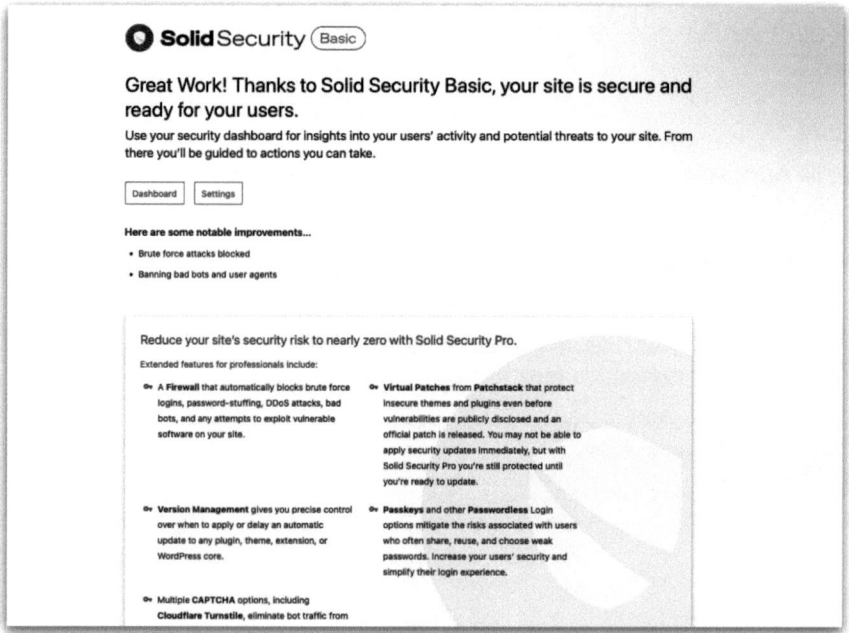

Gå till **Adminpanel > Security > Setup** för att utforska ytterligare funktioner.

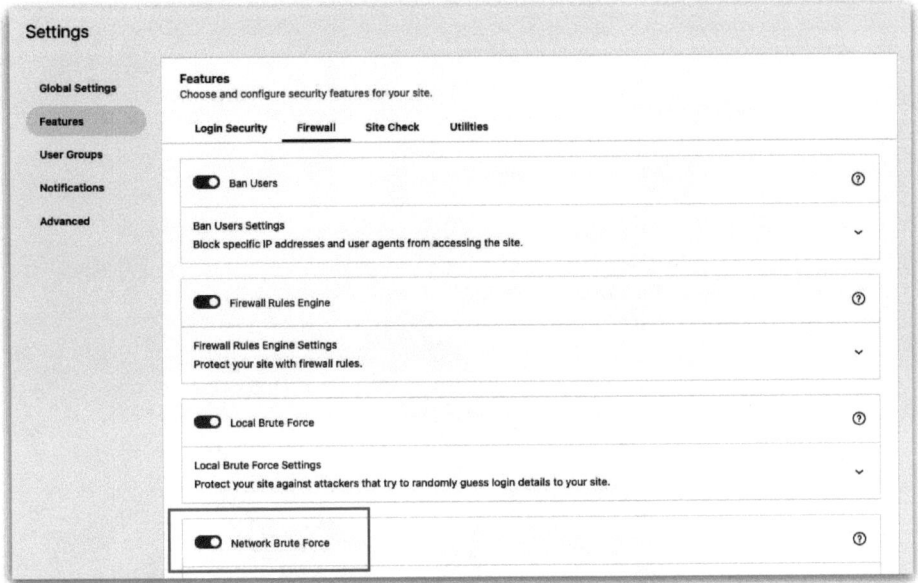

Under **Funktioner > Firewall** aktiverar du Network Brute Force Protection.

Använd knappen **Help** för att få ytterligare förklaringar om hur du använder säkerhetsfunktioner.

För att aktivera specifika funktioner klickar du på knappen **Enable** och konfigurerar alternativen efter behov.

Om du behöver avancerade säkerhetsfunktioner bör du överväga att uppgradera till Pro-versionen av plugin. Pro-versionen erbjuder omfattande säkerhetsåtgärder och support. Prissättningen börjar på 99 USD.

För mer information, besök: *https://solidwp.com/security*.

FLYTTA EN LOKAL WEBBPLATS TILL INTERNET

Om du har byggt en WordPress-webbplats på en lokal webbserver som LOCAL eller MAMP och nu vill ta den online, kan plugin **All-in-One WP Migration** hjälpa dig att flytta din webbplats sömlöst.

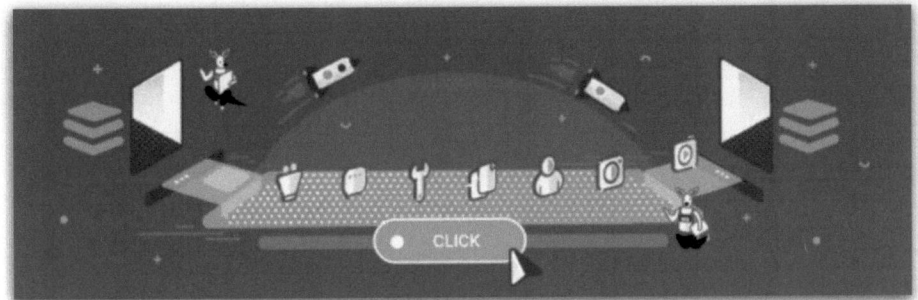

I den här guiden går vi igenom hur du **exporterar** en lokal WordPress-webbplats och sedan **importerar** den till en online WordPress-webbplats. Den här metoden fungerar även omvänt. Det är viktigt att notera att den fil som används för att exportera webbplatsen också fungerar som en säkerhetskopia av webbplatsen.

Installera plugin

4. Gå till **Adminpanel > Tillägg > Lägg till nytt plugin**.
5. Sök efter *All-in-One WP Migration* i sökfältet.
6. **Installera** och **aktivera** plugin.

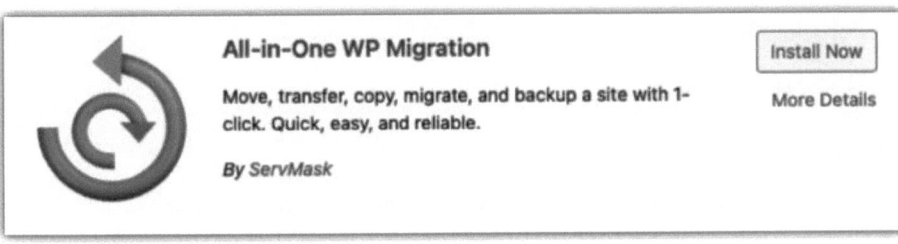

Exportera webbplatsen

1. Gå till **Adminpanel > All-in-One WP Migration**.

   Klicka på knappen **Exportera till** och välj alternativet **Fil**.

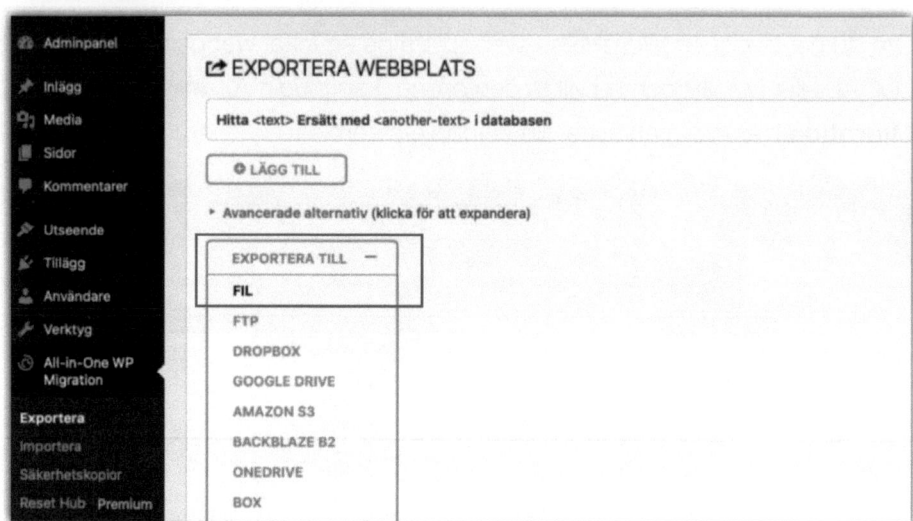

2. Vänta medan systemet söker igenom webbplatsen.

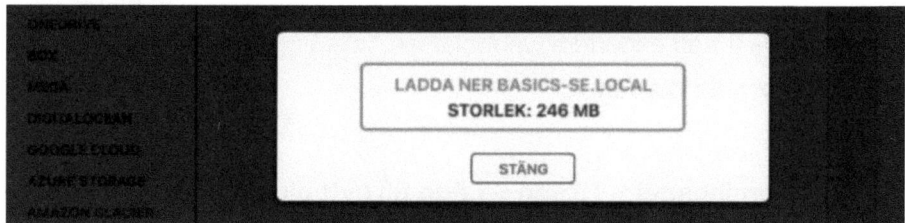

3. När du har skannat klickar du på den gröna **LADDA NER**-knappen.

4. Exportfilen med tillägget **.wpress** kommer att finnas tillgänglig i mappen **Nedladdningar**.

Importing the site

1. Gå till din webbhotellplattform (t.ex. *IONOS*) och installera en ny Word-Press-webbplats med hjälp av Apps installer.

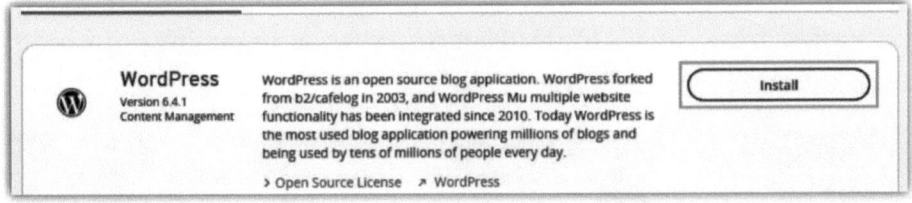

2. Installera och aktivera plugin **All-in-One WP Migration** på den nya WordPress-webbplatsen.

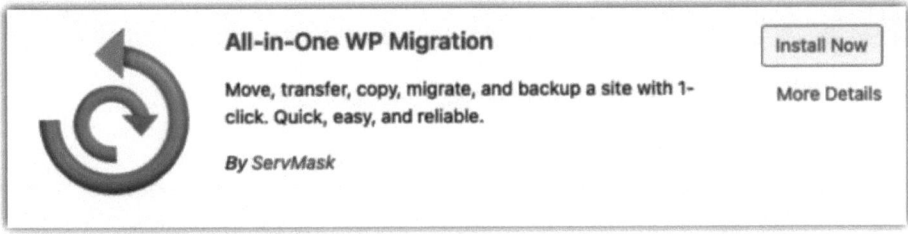

3. Gå till **Adminpanel > All-in-One WP Migration > Importera**.
4. Klicka på **IMPORT FRÅN** och välj alternativet **Fil**.

   Välj .**wpress**-filen eller dra och släpp den i uppladdningsrutan.

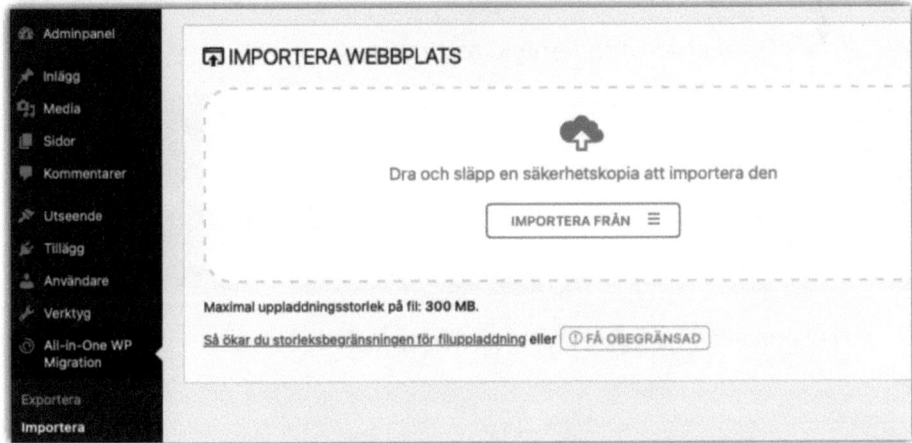

Tips: Om din webbplats är för stor för att importeras direkt kan du också installera plugin **All-in-One WP Migration Import**. Du kan ladda ner detta extra plugin från: *https://import.wp-migration.com*.

5. Installationsprocessen pågår kontinuerligt.

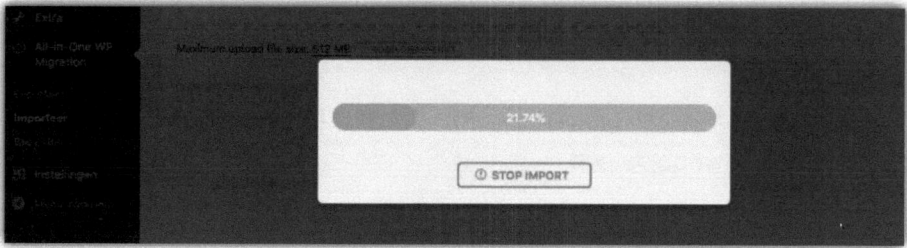

6. När du har importerat ser du ett meddelande.
   Klicka på **Försatt** för att fortsätta.

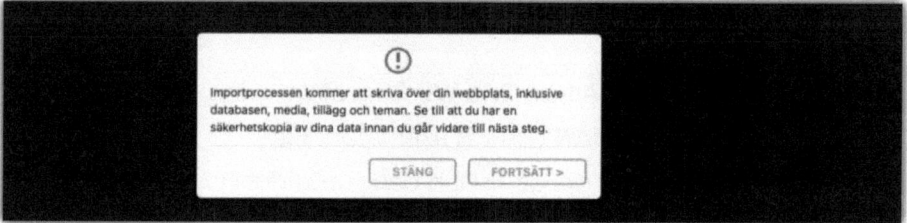

7. Din webbplats har importerats utan problem!

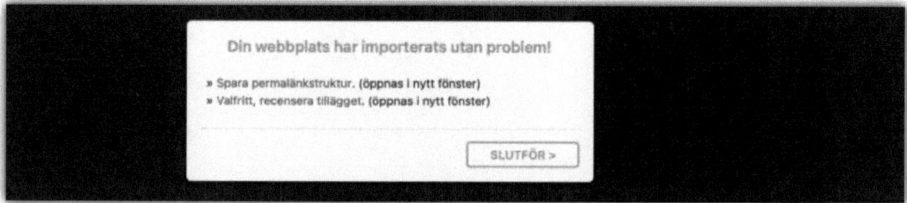

8. Följ eventuella ytterligare instruktioner som ges.

9. Obs! Använd inloggningsuppgifterna från din importerade webbplats.

10. Gå till **Adminpanel > Inställningar > Permalänkar**.
Välj inställningen **Inläggsnamn**.

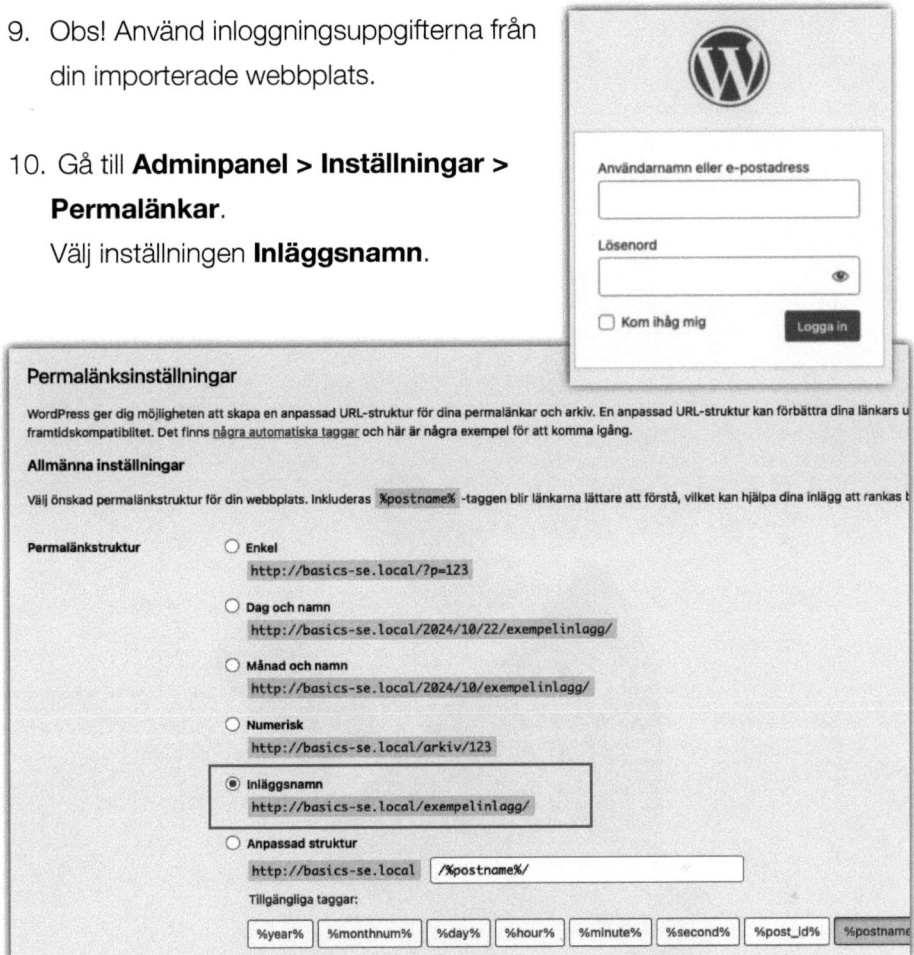

11. Klicka på knappen **Spara ändringar**.

Gratulerar till importen! Din WordPress-webbplats har importerats framgångsrikt.

Kom ihåg att regelbundet exportera en **.wpress**-fil efter ändringar eller uppdateringar, så att du har en säkerhetskopia av din webbplats.

SEARCH ENGINE OPTIMIZATION

Sökmotoroptimering (SEO) är avgörande för att säkerställa att din webbplats är lätt att upptäcka av sökmotorer.

Ett av de mest populära SEO-pluginsen som finns är **Yoast SEO**.

Installera

1. Gå till **Adminpanel > Tillägg > Lägg till nytt plugin**.
2. Sök efter *Yoast SEO*.
3. **Installera** och **aktivera** plugin.

Yoast SEO

Improve your WordPress SEO: Write better content and have a fully optimized WordPress site using the Yoast SEO plugin.

By *Team Yoast*

Install Now

More Details

Användning

Efter aktivering ger Yoast SEO många alternativ för att förbättra din webbplats SEO. För detaljerad vägledning, se den online-guide som tillhandahålls av skaparen: https://yoast.com/wordpress-seo.

Permalänkar

Anpassa Permalänkar genom att navigera till **Adminpanel > Inställningar > Permalänkar** och välja alternativet **Inläggsnamn**.

○ Månad och namn
http://basics-se.local/2024/10/exempelinlagg/

○ Numerisk
http://basics-se.local/arkiv/123

◉ Inläggsnamn
http://basics-se.local/exempelinlagg/

○ Anpassad struktur
http://basics-se.local   /%postname%/
Tillgängliga taggar:

WWW eller inte WWW

www.site.com och **site.com** är två olika URL:er även för Google.

Hur vet du om din webbplats använder www eller inte? Skriv in din adress utan www framför. Om webbplatsen laddas med www i adressfältet väljer du en URL-adress med www. Om du inte har www i adressen och skulle vilja ha det, kontakta ditt webbhotell.

Gå till **Adminpanel > Inställningar > Allmänt**.

Vid (URL) ser du om du använder www eller inte.

SEO-regler

Bekanta dig med SEO-reglerna innan du fortsätter. Om du följer dessa reg-
ler ökar du chansen att din webbplats indexeras korrekt av sökmotorer. Ett
plugin kan dock inte garantera detta resultat; det säkerställer bara att ditt
innehåll uppfyller vissa kriterier.

Webbplatsens titel och sidor

En viktig del av att bli hittad är din **webbplatstitel** och **sidtitlar**.
Dessa visas högst upp i webbläsaren och som länktext i Google.

○ https://wp-books.com › wordpress › basics

WordPress Basics - WP Books

This book describes how to install and configure a WordPress site. You will be introduced to the
Dashboard (management environment). Then you will create content with Posts and Pages.
Furthermore, you will learn how to create a Navigation and Social menu. And how to install and...

WordPress Advanced   WordPress
Binding: Paperback Distribution Form: WordPress - WordPress Basics - WP
Book (print, print) Size: 145mm x 210m...   Books

▸ Titlar får innehålla högst 65 tecken (inklusive mellanslag).
▸ Inkludera en uppmaning till handling eller ställ en fråga.
▸ Placera ditt viktigaste nyckelord i början.

Meta beskrivning

En annan komponent för att bli hittad är **beskrivningen** av webbplatsen
och underliggande sidor. Denna visas hos Google under titeln.

▸ Kortfattad beskrivning av webbplatsen/sidan.
▸ Beskrivningen får innehålla högst 150 tecken (inklusive mellanslag).
▸ Sikta på att öka klickfrekvensen (CTR).
▸ Använd nyckelord.
▸ Hela meningar är inte nödvändiga.

Meta nyckelord

Begränsa ditt urval till 10 nyckelord eller kombinationer av nyckelord. Även om Google ignorerar meta-nyckelord tar andra sökmotorer hänsyn till dem.

Användning

Undvik att använda installationsguiden; klicka på **Hoppa över**.

Gå sedan till **Adminpanel > Yoast SEO > Allmänt**. På skärmen ser du 2 flikar **Adminpanel** och **Initial Configuration**.

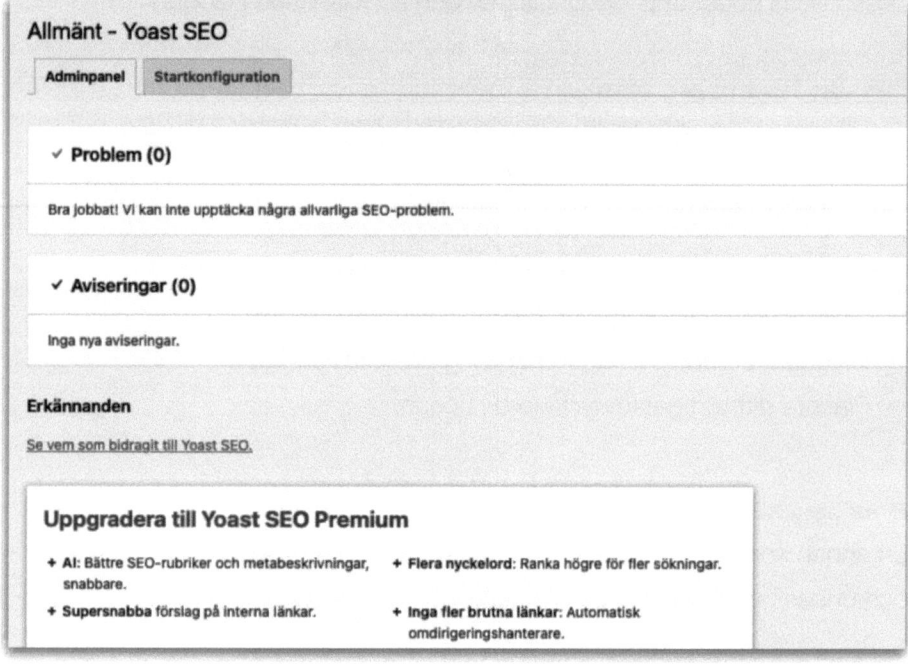

I den här boken kommer vi att använda standardinställningarna.

Om du vill använda de avancerade inställningarna går du till **Adminpanel > Yoast SEO > Inställningar**. Där hittar du mer information om de olika funktionerna.

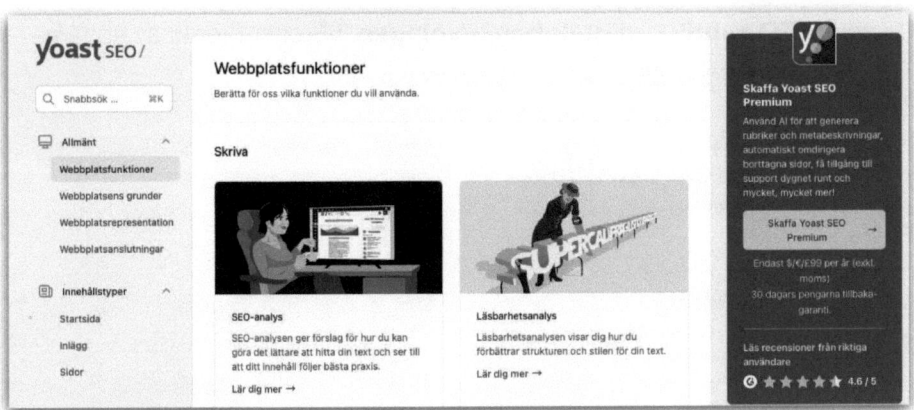

Med hjälp av ikonen **?** (längst ner till höger) hittar du mer information om de olika inställningarna.

Sidor och inlägg

Gå till **Adminpanel > Sidor** och välj **Startsida**. Längst ner hittar du **Yoast SEO**. Du kan redigera information som **titel**, **beskrivning** och **nyckelord**.

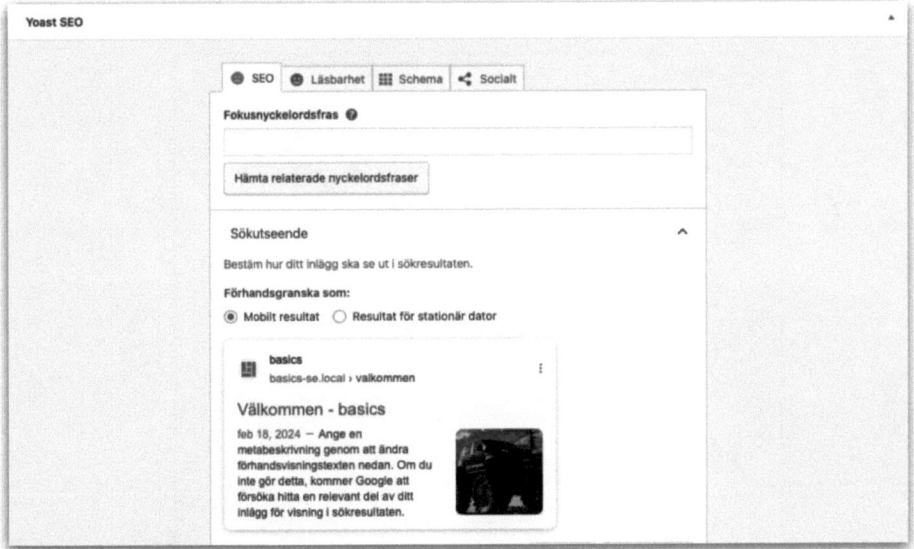

Använd **Preview** as för att visualisera resultatet.

Justera **SEO-rubrik** och **metabeskrivningen**, vilket indikeras av en färg-
fält som återspeglar SEO-överensstämmelse.

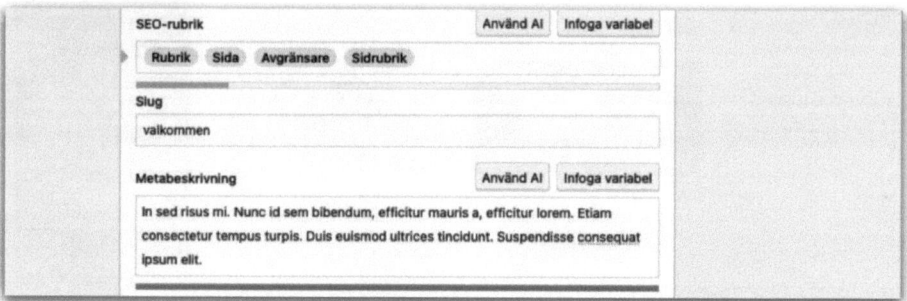

Placera nyckelord i avsnittet **Fokusera på nyckelord** för att förbättra sök-
barheten. Använd **SEO-analys** för att få insikter om sökordsoptimering.

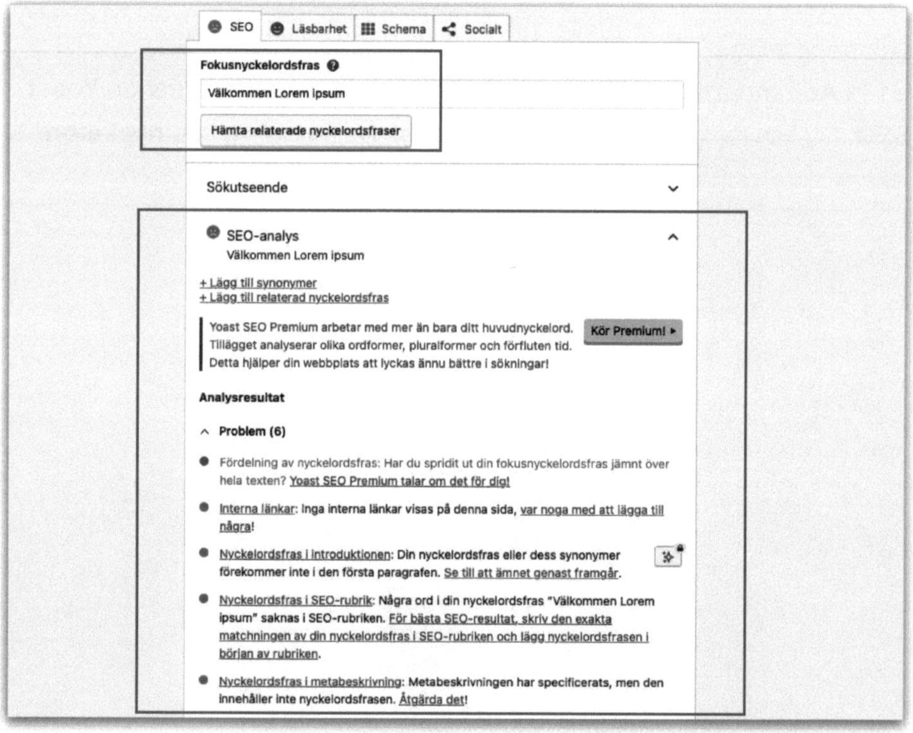

I avsnittet **Avancerat** anger du om sidan ska spåras av sökmotorer.

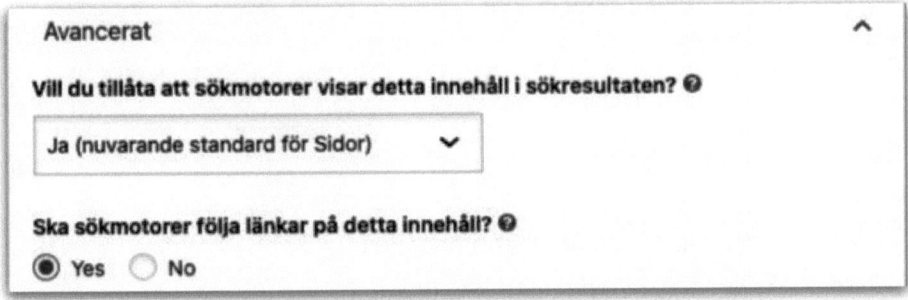

Markera viktiga avsnitt genom att ange sidor som "inte ska följas".

Klicka på fliken **Läsbarhet** för att få tips om hur du förbättrar sidans läsbarhet.

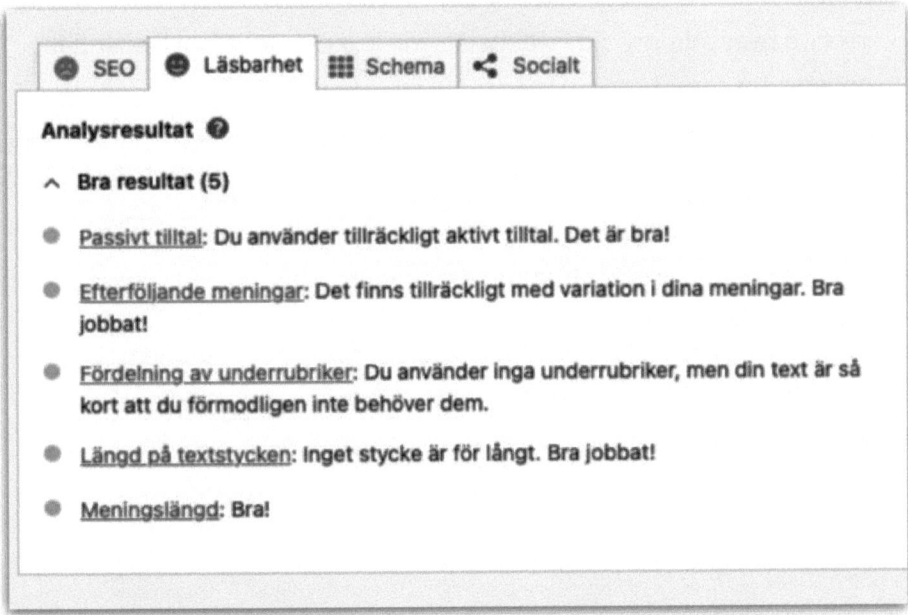

När du har angett SEO-information klickar du på knappen **Uppdatera**.

En **grön** lampa indikerar att SEO-reglerna följs; om den är **röd**, läs igenom instruktionerna.

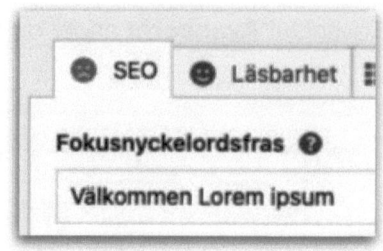

Fler SEO-tips

▸ Skicka in din webbplats till sökmotorer, t.ex. *http://www.google.nl/intl/nl/add_url.html.*

▸ Öka antalet backlinks från andra webbplatser för att förbättra synligheten.

▸ Backlinks från högt rankade webbplatser förbättrar din egen pagerank.

▸ Skapa en lista med relevanta nyckelord för titlar och undertexter, men undvik överanvändning.

▸ Införliva relevanta sökord i webbplatsens text och använd Header 2 för undertexter.

▸ Använd textinnehåll i stället för bildtext.

▸ Ge bilder tydliga namn för bättre SEO.

▸ Säkerställ snabb laddningshastighet för webbplatsen: http://developers.google.com/speed/pagespeed/insights.

Yoast SEO-plugin förbättrar webbplatsindexeringen men garanterar inte topprankning. Förlita dig inte enbart på trafikljuset, utan fokusera på kvalitetsinnehåll. För högre synlighet, överväg Google Ads.

PRIVACY OCH COOKIES

Om du samlar in användardata på din webbplats är du juridiskt skyldig att lämna ut dem enligt europeisk integritetslagstiftning, den så kallade **G**eneral **D**ata **P**rotection **R**egulation (GDPR). I **GDPR** fastställs regler för hantering av användardata.

För att uppfylla kraven i GDPR är det viktigt att inkludera en sekretesspolicy på din webbplats. Detta uttalande informerar besökarna om datainsamlingsmetoder och ber om deras samtycke till att placera cookies.

Efter en WordPress-installation skapas ett utkast till en sida med titeln **Privacy Policy**. Den här sidan fungerar som en mall och är delvis färdigställd, redo att användas.

För att säkerställa efterlevnad av GDPR-standarder är det lämpligt att granska konkurrenternas webbplatser för att förstå typiskt innehåll i sekretesspolicyer. I allmänhet bör en sekretesspolicy omfatta följande punkter:

▹ Syftet med insamlingen av uppgifter (t.ex. för att skicka nyhetsbrev).
▹ Typ av uppgifter som samlas in (t.ex. e-postadresser).
▹ Förvaltare av uppgifterna.
▹ Status för publicering av uppgifterna.
▹ Parter med tillgång till uppgifterna (t.ex. Google eller Facebook).
▹ Lagringsperiod för uppgifterna.
▹ Åtgärder för datasäkerhet (t.ex. SSL-certifikat).
▹ Förfaranden för radering av uppgifter på begäran.

Så här använder du standardsidan för sekretesspolicy som tillhandahålls av WordPress:

Gå till **Adminpanel > Inställningar > Integritet**.
Klicka på fliken **Policyguide**.

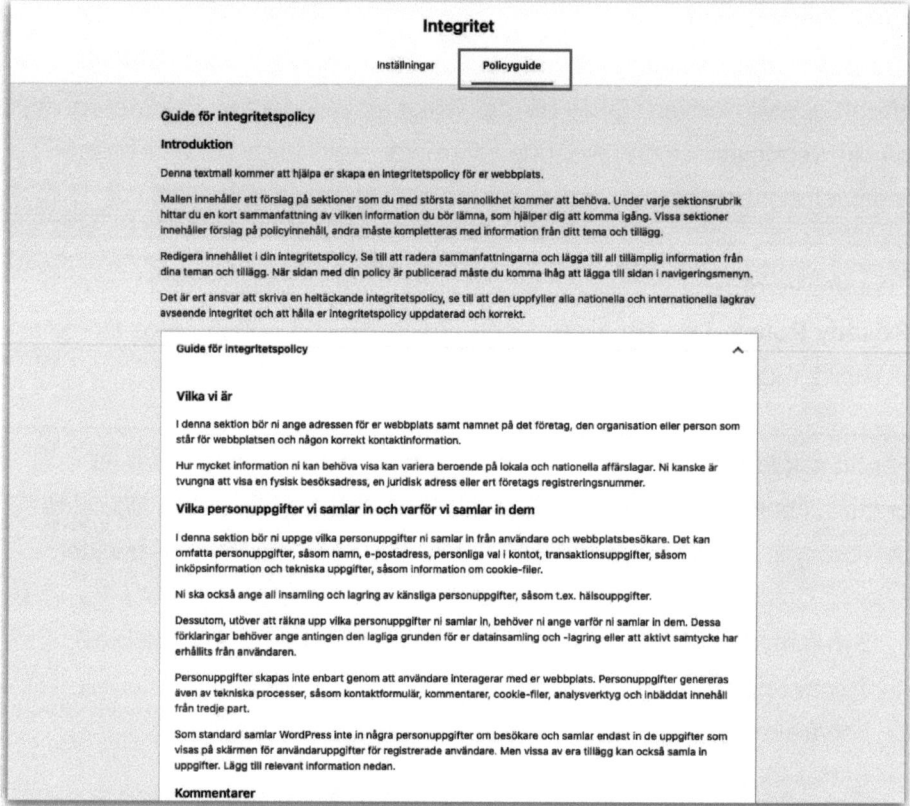

Kopiera det angivna avsnittet till urklipp.
Gå till **Adminpanel > Sidor** och välj sidan **Privacy Policy**.

Ersätt texten med det kopierade innehållet och lägg till ytterligare informati-
on efter behov. Kontrollera att sidan är publicerad.

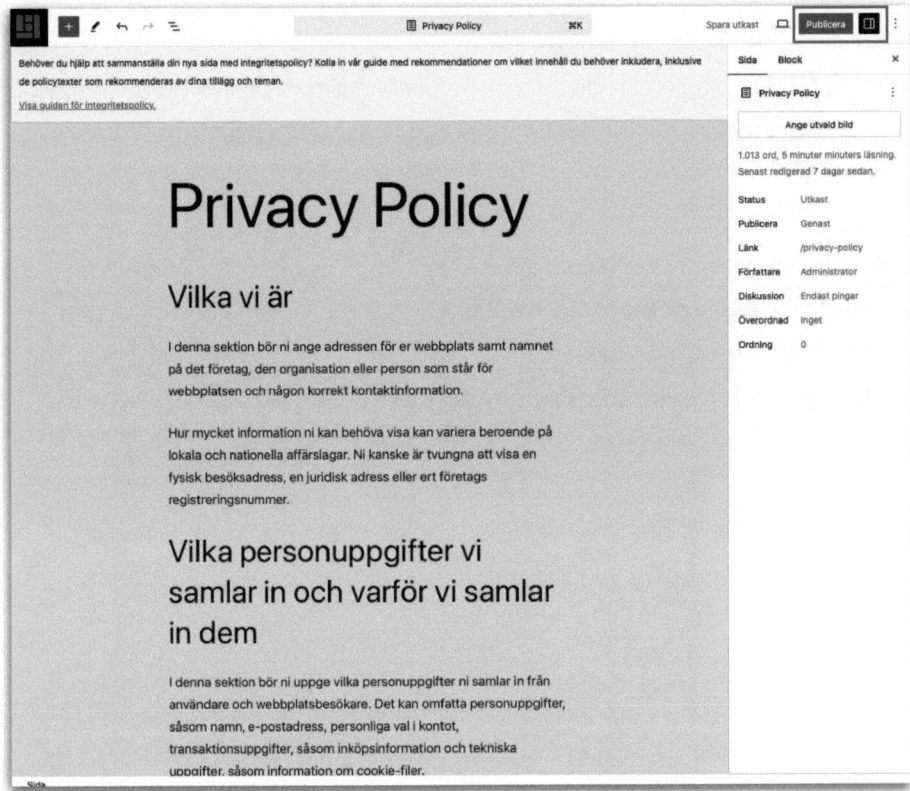

Placera en länk till sidan med sekretesspolicyn i menyn, sidfoten eller sidofältet på din webbplats.

GDPR Plugin

Med ett GDPR-plugin kan du informera besökare och be om deras tillstånd att placera cookies. Det är också möjligt att inkludera en länk till en sekretesspolicy.

Det finns två typer av cookies:

1. **Funktionella cookies**: Nödvändiga för att en webbplats ska fungera, t.ex. WordPress-cookies.
2. **Analys**- och **marknadsföringscookies**: Tredjepartscookies som tillhandahålls av plattformar som Google eller Facebook.

Tips: Många GDPR-plugins innehåller cookie-scanners, som fungerar tillsammans med spårningsplugins som Google Analytics eller Facebook pixel-plugins.

Om du är osäker på vilka cookies som används på din webbplats kan du använda en cookie-kontroll online, t.ex. *www.cookiemetrix.com*.

Installera

3. Gå till **Adminpanel > Tillägg > Lägg till nytt plugin**.
4. Sök efter *Complianz - GDPR/CCPA Cookie Consent*.
5. **Installera** och **aktivera** plugin.

Complianz – GDPR/CCPA Cookie Consent

Configure your Cookie Banner, Cookie Consent and Cookie Policy with our Wizard and Cookie Scan. Supports GDPR, DSGVO, TTDSG, LGPD, POPIA, RGPD, CCPA/C ...

By Really Simple Plugins

Install Now

More Details

Användning
Gå till **Adminpanel > Complianz > Guide**.

Följ stegen för att konfigurera webbplatsen.

Under **Allmänt > Besökare**, anger du den sekretesslag du vill följa.

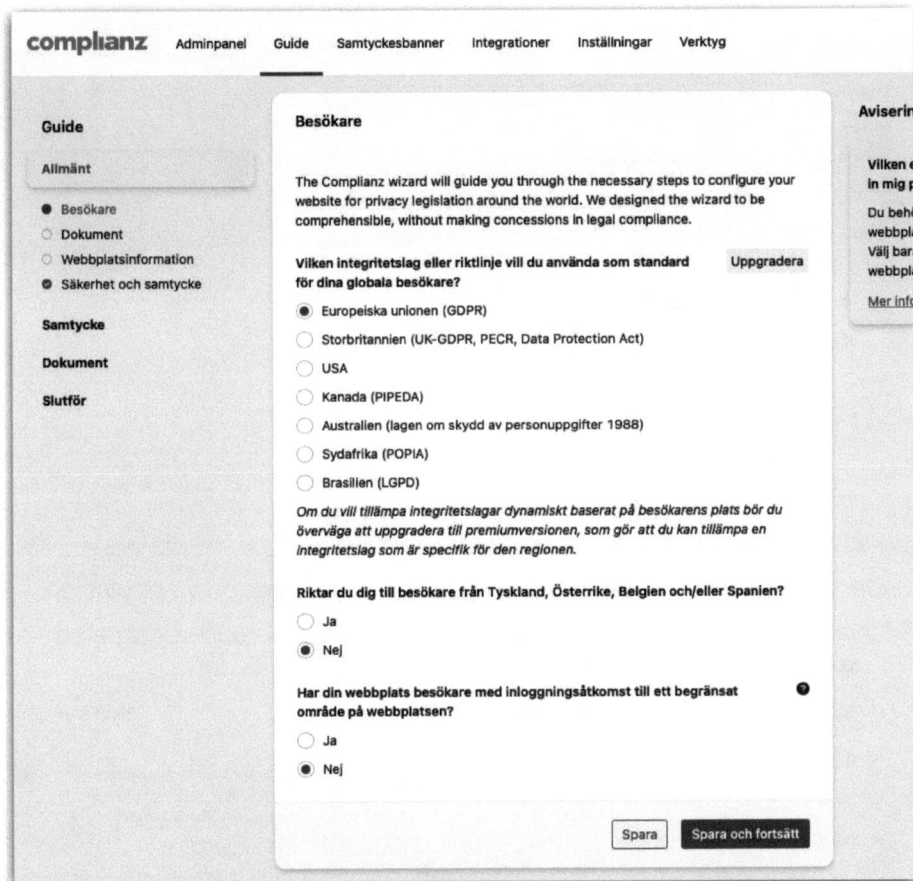

Det finns några saker som kan hjälpa dig under konfigurationen:

▸ Använd frågetecknen för mer information.

▸ Viktiga meddelanden visas i den högra kolumnen.

▸ Du kan skicka in ett ärende för att få hjälp.

Under **Allmänt > Dokument** anger du vilka sidor som ska användas för Cookie Policy, Privacy Statement och Disclaimer.

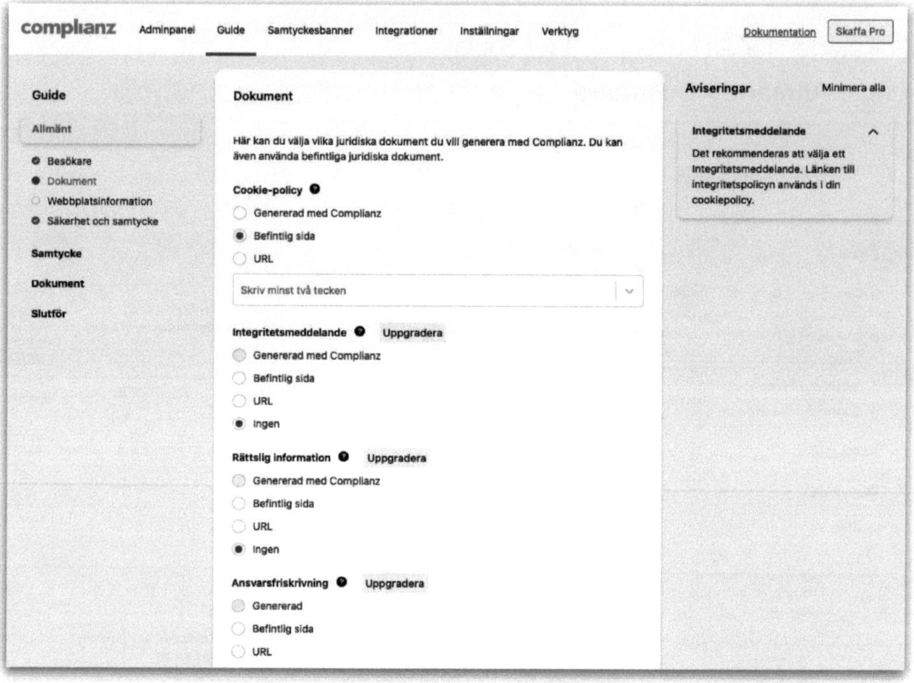

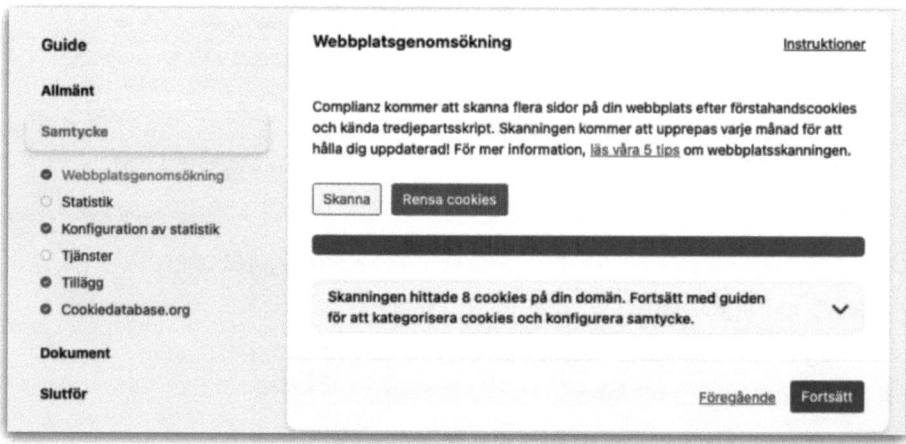

Under **Samtycke > Cookie-sökning**, sök efter cookies på webbplatsen. Skanningen upprepas varje månad för att hålla webbplatsen uppdaterad.

Under **Samtycke > Statistik** anger du om Google Analytics används och anger **spårnings-ID**.

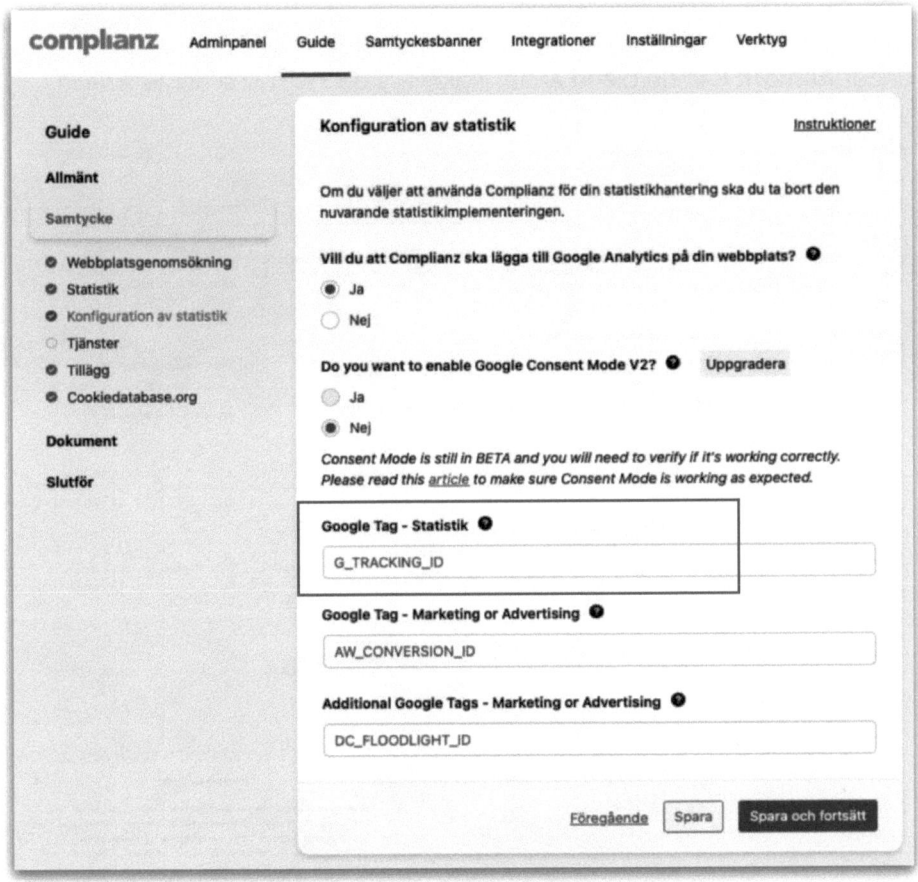

För mer information, besök: *complianz.io/docs*.

Design av kakbanner

Gå till **Adminpanel > Complianz > Samtyckesbanner**.

Utforma bannern i detta avsnitt.

Under **Allmänt** kan du bland annat inaktivera bannern och hantera titeln.

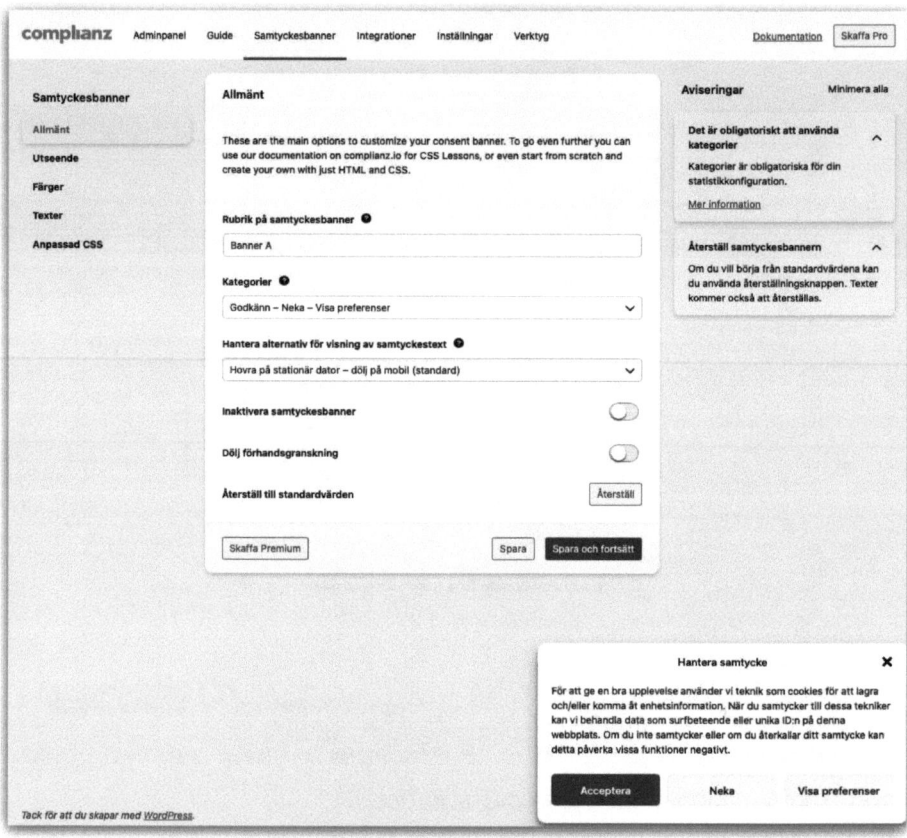

A preview is displayed in the lower right-hand screen.

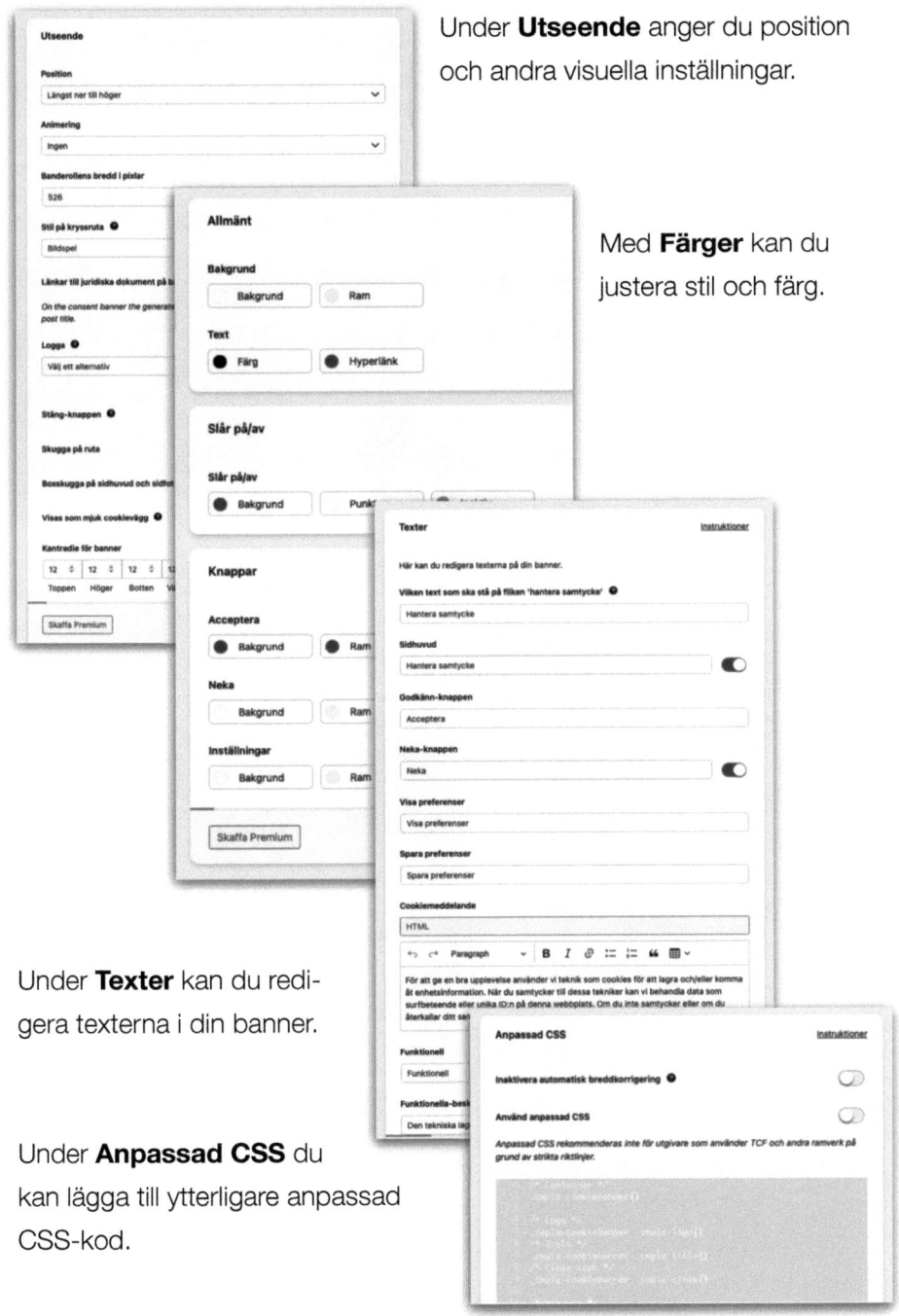

Under **Utseende** anger du position och andra visuella inställningar.

Med **Färger** kan du justera stil och färg.

Under **Texter** kan du redigera texterna i din banner.

Under **Anpassad CSS** du kan lägga till ytterligare anpassad CSS-kod.

SSL - SÄKER WEBBPLATS

Webbläsare varnar besökare om en webbplats saknar ett **SSL-certifikat**. I adressfältet visas texten Inte säker. Efter installationen av WordPress har din webbplats ännu inte något SSL-certifikat. SSL står för **S**ecure **S**ockets **L**ayer och skapar en krypterad anslutning mellan servern och besökaren.

Med http**s**:// i adressfältet och en **hänglåsikon** vet du att webbplatsen är säker. Du kan skaffa ett SSL-certifikat genom att köpa ett eller använda ett gratis certifikat från Let's Encrypt.

SSL-aktivering kräver vanligtvis hjälp från din hostingleverantör. I det här exemplet demonstrerar vi processen med hjälp av IONOS webbhotell. Men om du använder en annan hostingleverantör kan du behöva följa en annan procedur.

1. Logga in på **IONOS** och navigera till **Domäner & SSL**.

2. Klicka på den röda **hänglåsikonen** bredvid den domän som du vill skydda.

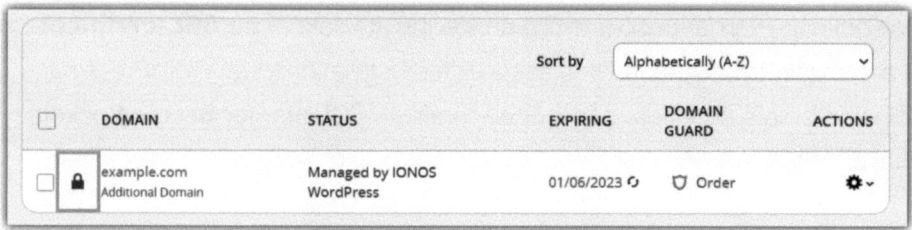

3. Välj ett certifikat, t.ex. **Free SSL Starter Wildcard**, och klicka på **Activate Now**.

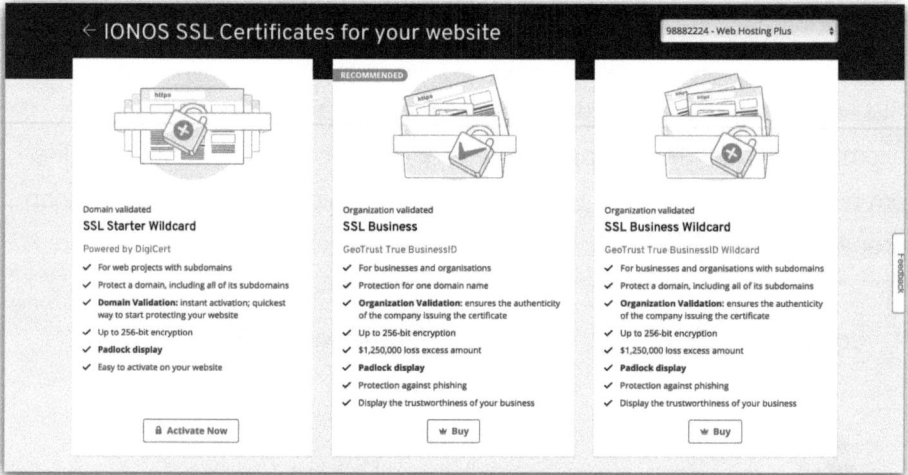

4. Välj den **domän** som SSL-certifikatet ska utfärdas för.

5. I rullgardinsmenyn **Ändra användning** väljer du **Använd med min IO-NOS-webbplats**.

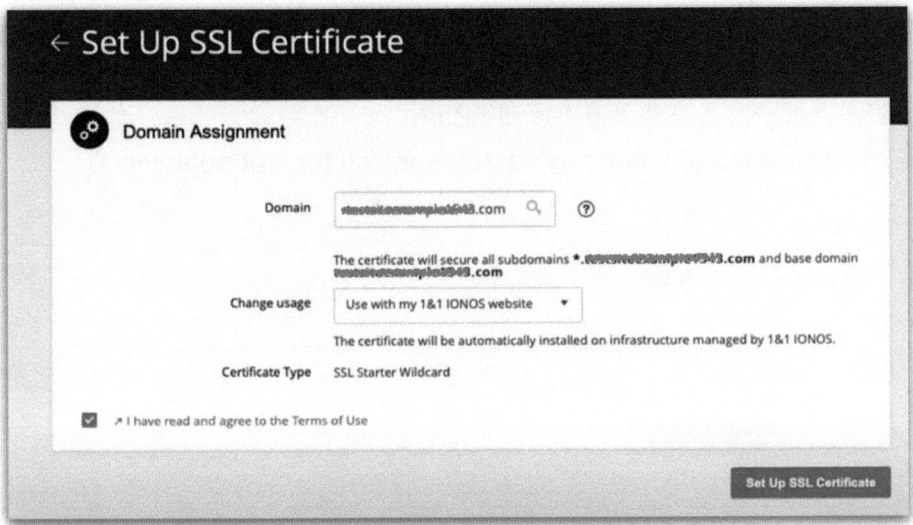

6. Verifiera och justera dina företagsuppgifter om det behövs.

7. Läs och godkänn användarvillkoren genom att markera kryssrutan och klicka sedan på **Set Up SSL Certificate**.

Aktivera SSL i Wordpress

När SSL-certifikatet har kopplats till ett domännamn upptäcker WordPress automatiskt att det är tillgängligt.

Så här aktiverar du SSL från WordPress:

Gå till **Adminpanel > Verktyg > Hälsokontroll för webbplatser**.

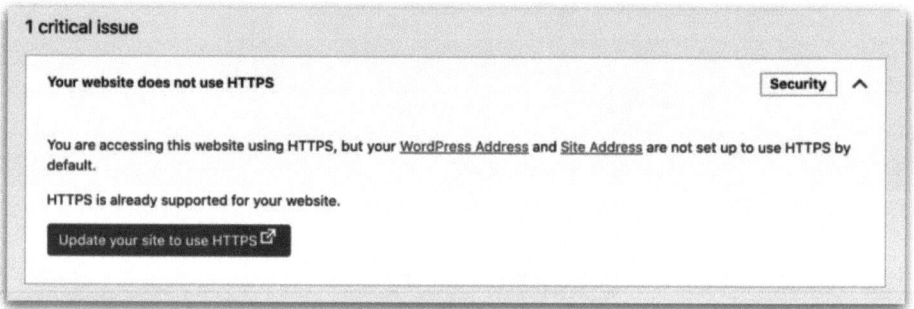

Om webbplatsen inte använder HTTPS klickar du på knappen **Uppdatera din webbplats så att den använder HTTPS**.

Granska din webbplats och adressfältet.

Om uppdateringen inte fungerar eller om du använder en äldre version kan du använda plugin *Really Simple SSL*.

Aktivera SSL med ett plugin

Installera och **aktivera** tillägget *Really Simple SSL*.

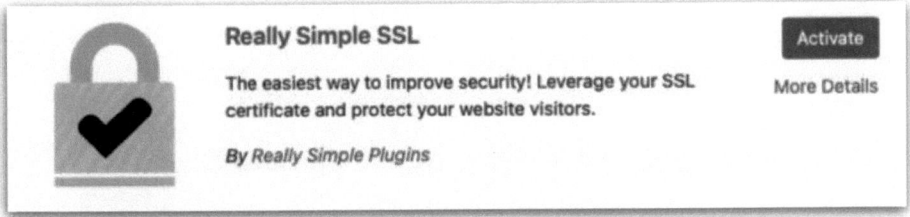

För att aktivera SSL går du till **Adminpanel > Säkerhet**.

Klicka sedan på **Aktivera SSL**! Granska din webbplats.

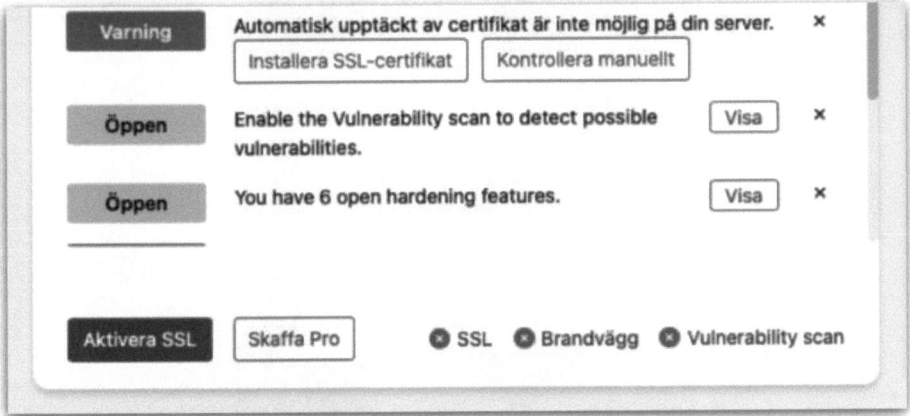

När du har gjort det visas en hänglåsikon i webbläsarens adressfält.

HA KUL MED WORDPRESS

Grattis till att du har läst den här boken och skaffat dig kunskaper för att konfigurera och hantera en WordPress-webbplats! Du har gått igenom en hel del, från att sätta upp en lokal utvecklingsmiljö till att konfigurera Word-Press, anpassa teman, lägga till innehåll och förbättra funktionaliteten med plugins.

Genom att utforska både frontend och backend i WordPress har du fått en omfattande förståelse för hur plattformen fungerar. Du har också lärt dig om viktiga aspekter som säkerhet, integritet, säkerhetskopiering och sökmotoroptimering, som är avgörande för att upprätthålla en framgångsrik webbplats.

Kom ihåg att WordPress är ett kraftfullt verktyg med oändliga möjligheter. Fortsätt att experimentera, lära dig och utforska nya funktioner och tekniker för att få ut så mycket som möjligt av din WordPress-upplevelse.

Om du någonsin behöver hjälp eller har frågor på vägen är resurser som den officiella WordPress-webbplatsen (wordpress.org) och dess supportforum värdefulla informationskällor.

Nu är det bara att sätta igång och ha kul med WordPress! Låt kreativiteten flöda och bygg fantastiska webbplatser som gör avtryck på nätet.

WordPress Information:
wordpress.org
wordpress.org/support

OM FÖRFATTAREN

Roy Sahupala, multimedia-specialist

"Multimedia-specialist är bara en titel. Förutom att skapa multimedia-produkter har jag utbildat i webbdesign i mer än 26 år och jag älskar fortfarande när människor blir glada över att kunna göra mycket mer på kort tid än de trodde var möjligt på förhand."

Efter att ha studerat industridesign utbildade sig Roy till multimedia-specialist. Han skaffade sig sedan erfarenhet på flera multimedia-byråer. År 2000 grundade han sitt eget företag, WJAC (With Jazz and Conversations), som specialiserat sig på att skapa multimedia-produkter för olika kunder och reklambyråer.

Sedan 2001 har Roy vid sidan av sitt arbete även varit verksam som instruktör och har i samarbete med utbildningsinstitutioner arrangerat olika kurser i webbdesign.

WordPress-böcker skrivna av Roy Sahupala:

Utforska WordPress-böcker på *wp-books.com*.